KNAUR

Über den Autor:
Simon Pearce, 1981 geboren, ist in Bayern als Sohn der bayerischen Volksschauspielerin Christiane Blumhoff und des Nigerianers Charles Pearce aufgewachsen. Er absolvierte eine Schauspielausbildung und hatte unter anderem Auftritte im *Tatort* und in *Die Rosenheim-Cops*. Mit seinen Soloprogrammen *Allein unter Schwarzen* und *PEArCE on Earth* tourt er durch ganz Deutschland.

SIMON PEARCE

So viel Weißbier kannst gar ned trinken

Wie ich als Schwarzer in Bayern groß geworden bin

Besuchen Sie uns im Internet:
www.knaur.de

Originalausgabe Oktober 2017
Knaur Taschenbuch
© 2017 Knaur Verlag
Ein Imprint der Verlagsgruppe Droemer Knaur GmbH & Co. KG, München
Alle Rechte vorbehalten. Das Werk darf – auch teilweise – nur mit
Genehmigung des Verlags wiedergegeben werden.
Covergestaltung: ZERO Werbeagentur, München
Coverabbildung: Alan Ovaska
Satz: Adobe InDesign im Verlag
Druck und Bindung: CPI books GmbH, Leck
ISBN 978-3-426-78917-9

2 4 5 3 1

Prolog

»An Neger ... im Schnee ... hier, mitten in de Berg in Bayern ... Keine Sorge, der wird bestimmt bald gefunden!«

Unser alter Familienfreund Edi verkörperte perfekt die Mischung aus Gemütlichkeit, Pragmatismus und – für Außenstehende – grenzwertiger politischer Korrektheit, der man in Bayern gerne mal begegnet. Und es waren nicht meine Eltern, die sich sorgten, ich könne verloren gehen, sondern Vroni, eine hysterische Bekannte von Edi, die auch bei ihm im Berchtesgadener Land zu Besuch war. Aber von vorne. Meine Mama ist Schauspielerin und hatte Edi auf der Bühne kennengelernt, als sie zusammen ein bayerisches Volksstück spielten. Ziemlich schnell haben sie gemerkt, dass sie einen sehr ähnlichen Humor haben und sich in der Derbheit ihrer Sprüche übertrafen. Edi sah zwar aus wie ein Bilderbuch-CSU-Bürgermeister aus dem bayerischen Oberland, mit Schnurrbart, Tracht und stattlichem Bäuchlein, war aber ein homosexueller bayerischer Volksschauspieler und passte somit perfekt in das Umfeld meiner Familie. Mein Vater, Nigerianer, der Beste seines Abiturjahrgangs und anschließend ambitionierter Politikstudent in Bayern. Meine Mama, bayerische Volksschauspielerin mit ausgeprägtem Revoluzzergen und experimenteller Hippieneigung. Wir also, eine afro-bajuwarische Familie mit Hang zum Extrovertierten in einem Vorort Münchens, wo hinter den Gartenzäunen Friede, Ruhe und Eintracht herrschen sollten. Bei uns war es laut, wild und ungezähmt. Und mittendrin ich, der so gerne mal untertauchen würde, dazugehören, mal nicht anders sein. Genau das hatte ich an jenem Abend auch vorgehabt, als ich verloren ging. Ich war wegen irgendeiner Bemerkung meiner Geschwister in Rage geraten, und da beide älter und auch stärker als ich waren, blieb mir nur der Rückzug. Ich wollte auswandern. »Ihr seht mich nie wieder.« Dass wir nicht mal zu Hause, sondern auf Edis Hütte in den Alpen waren, störte mich nicht. Noch besser. Hier könnte ich ein neues Leben beginnen, dachte ich mir. Einfach untertauchen und neu anfangen. Was man sich als Achtjähriger so denkt. Ich zog mir meinen Skianzug an, genauer gesagt den alten meines Bruders, packte mir Mandarinen, ein paar Nüsse und Schokolade aus meinem Nikolaussackerl ein, ein Asterixheft und machte mich auf in mein neues Leben. Als mein Bruder meinen Eltern berichtete, was passiert war, blieben sie relativ gelassen. War ja nicht das erste Mal. Nach spätestens zehn Minuten würde ich Angst bekommen und mit einem »Beim nächsten Mal aber wirklich!« wieder heimkehren. Nach fünfzehn Minuten wollte noch immer keine Panik aufkommen, aber man nickte sich zu, um seinen Respekt zum Ausdruck zu bringen. »Er wird mutiger.« Nur eben Vroni drehte fast durch vor Angst. »Ja, und wenn er jetzt verloren geht, der arme Bub. Ganz allein. Selbst wenn ihn einer findet, der Simon weiß doch die Adresse gar nicht!« Und dann kam Edis anfangs zitierter Ausspruch, gefolgt von einem großen Schluck Weißbier, den er sich einverleibte. Nicht einmal in den weiten Hängen der Alpen konnte ich untertauchen. Zumindest nicht im Winter.

1. Kapitel

Jagdszenen in Oberbayern

Die brütende Hitze schien sogar die Luft zu lähmen. Obwohl es noch lange nicht Mittag war, wand die Sonne sich bereits über die höchsten Baumwipfel und backte ohne Erbarmen den Boden. Bewegungslos und unmotiviert schützte sich das Kleingetier im Gestrüpp vor den wütenden Strahlen. Möglicherweise fürchteten sie sich auch vor den Schnäbeln der gut zwanzig Hühner, die tatsächlich das ganz und gar nicht ihrer Natur entsprechende Wagnis eingegangen waren, bei diesen Temperaturen schnelle Bewegungen auszuführen. Sie zuckten und flatterten wie ein aufgescheuchter Hühnerhaufen. Gut, das waren sie auch. Aber sie waren nicht auf der Jagd, sondern auf der Flucht. Auf der Flucht vor den zwei Paar schwarzen Kinderfüßen, die hinter ihnen im Zickzack über den staubigen Asphalt sprangen. Oder vielmehr vor den dunkelhäutigen Kindern, die zu den Füßen gehörten.

Die Knirpse rannten den aufgeregten Hühnern ziemlich planlos hinterher. Sie folgten keinem Muster, wendeten keine Jagdtaktik an. Es war ein simples, übermütiges Hinterhergelaufe. Ich weiß, wovon ich spreche, denn das eine Paar gehörte zu meinem damals fünf Jahre alten Körper, das andere zu meiner älteren Schwester. Und es waren unsere Hühner, wir fühlten uns dafür verantwortlich, sie wieder zurückzutreiben.

Wir rannten, die Hühner flohen gackernd und die Sonne

brannte. Wir hatten extrem viel Energie und wollten alles erleben und herausfinden, deswegen rannten wir auch ständig herum. Und weil wir klein waren und normalerweise gegen kaum jemanden eine Chance hatten, waren wir froh, wenn mal jemand vor uns davonrannte. Versuchte man beispielsweise, seine Eltern vor sich herzuscheuchen, wurde das in der Regel vereitelt, indem man hochgehoben und in die Lüfte gehalten wurde. Das ist eigentlich eine Sauerei von Erwachsenen, oft merken sie gar nicht, dass man sie einfach nur jagen möchte.

Deshalb kamen meiner Schwester und mir die Hühner wie gerufen. Sie mussten zurück in den Stall und wir mussten diesen Umstand herbeiführen. Reiner Instinkt, reiner Spieltrieb ließ uns diese Form der Hatz ausüben. Warum ich dabei schrie, ist mir heute schleierhaft. Es schien mir passend, mit einer Art Jagdruf meine Beute zu verwirren, sie in Panik zu versetzen. Unter Umständen war mein Schreien aber auch nur ein Ausruf blanker Angst, so ein wild gewordenes Huhn kann durchaus respekteinflößend sein. Sobald das erste Huhn in Griffweite war, stürzte ich mich darauf, wie ein Bussard, der eine Maus erspäht. So kam ich mir zumindest vor. In Wirklichkeit versprühte ich wahrscheinlich die Dynamik eines alten Mannes, der in eine sehr kalte Wanne steigt. Es war doch ein eher zögerlicher Vorgang.

Platsch!, landete ich auf dem Boden und griff ins Leere. Die verdammten Biester waren wesentlich schneller als ich und ich einfach zu zögerlich. Sofort hechtete ich nach dem nächsten Federvieh! Mist! Daneben. Schon wieder. Ich drehte meinen Kopf nach links und sah, dass meine Schwester tatsächlich schon eines gefangen hatte, damit zum Hühnerstall lief, das Tier ablieferte und mit triumphierendem Lächeln zurückkehrte. Sekunden später schnappte sie das nächste und hatte so bereits ein halbes Dutzend erwischt, während ich immer noch dem ersten hinterherhechelte.

Ein inakzeptabler Fakt, schließlich war sie ein Mädchen und ich hielt mich für wesentlich geschickter und eigentlich auch schneller. Ich war mindestens der zweitbeste Jäger unserer Familie. Nur mein älterer Bruder war mir überlegen, aber der beteiligte sich mit seinen fast elf Jahren nicht mehr an unseren Hühnerrückholaktionen. Also blieb eigentlich nur noch ich. Woran es mir offenbar mangelte, war die Furchtlosigkeit meiner Schwester und ihr überlegtes Vorgehen. Sie wirkte ruhiger, fast schon entspannt. Ihre Taktik war beeindruckend: Ganz langsam näherte sie sich den Hühnern und redete liebevoll auf sie ein. Und sobald ein Huhn tatsächlich die Dummheit besaß, Vertrauen aufzubauen, obwohl es doch gesehen haben musste, dass sie es bei den anderen genauso gemacht hatte, schlug meine Schwester zu. Mit einem beherzten Griff drückte sie das Huhn mit der einen Flügelseite an den Bauch und klemmte den anderen Flügel mit ein, um Geflatter zu vermeiden. Eine recht mutige Variante, wenn man bedenkt, dass sowohl meine Schwester als auch ich lediglich mit einer Unterhose bekleidet waren. Ein für unser Alter absolut ausreichendes Gewand an einem Dienstagmorgen, wie wir fanden.

Auf ihrer dunklen Haut konnte man die gräulich roten Kratzer, die ihr die bisherige Beute bereits zugefügt hatte, deutlich sehen. Doch das beeindruckte sie nicht, sie demütigte mich unbeirrt weiter, ohne zu merken, wie sehr mich diese Erniedrigung wurmte. Es war ja nicht so, dass wir belohnt werden würden, wenn wir mit allen Hühnern zurückkehrten. Es wurde allerdings irgendwie von uns erwartet, dass wir das taten.

Jetzt endlich hatte ich eins eingekesselt. Es lief auf eine rechtwinklig angeordnete Hecke zu und aus dem Eck würde es kaum meinen geschickten Händen entkommen können, es war zu dick, um ins Gebüsch zu schlüpfen. Dieses Mal unterließ ich es, zu schreien. Ich hatte schon mal einen Panther gesehen und versuchte, so zu schauen, wie er das in meiner Erinnerung tat. Ich kniff meine Augen etwas zusammen und war mir sicher, sehr gefährlich auszusehen. Mein Atem gab den Takt für meine Bewegungen vor. Alles, was ich hörte, war der wild pochende Puls in meinem Trommelfell. Ich war jetzt direkt vor dem Zugriff. Im Tunnel, nur ich und meine Beute. Jetzt musste alles sehr schnell gehen. Zwei Schritte noch, dann hätte ich das Biest in meinen Händen. Die nervöse Henne war direkt vor mir, meine Hand wollte gerade nach vorne schnellen, da vernahm ich hinter mir eine krächzende Stimme.

»Na, seids aber weit gelaufen für die paar Henna, ha?« ... Auf einmal fiel mir auf, dass wir uns gar nicht im Busch befanden, sondern in Puchheim, einer kleinen Stadt, knapp zwanzig Kilometer westlich von München, in der ich mit meinen zwei älteren Geschwistern aufgewachsen war. Das darauf folgende kehlige Lachen des rothaarigen, offenbar angetrunkenen Herrn mit der viel zu kurzen Hose und den viel zu weißen Beinen sollte wohl darauf hindeuten, dass es sich bei dieser Aussage um einen Scherz gehandelt hatte. Ich hab ihn damals nicht verstanden. Also den Mann schon, aber den Witz nicht. Weit gelaufen, von wegen. Viel unweiter kann man kaum laufen, ehrlich gesagt. Als Kind läuft man am Tag – proportional auf seine Körpergröße umgerechnet – bestimmt die Strecke zwischen München und Regensburg und zurück. Wir waren gerade einmal ein paar Meter hin und her gerannt. Schließlich wohnten wir direkt auf dem Grundstück, das an die Hauptstraße grenzte, auf der wir uns grade befanden.

Der betrunkene Mann stand direkt an unserer Hecke, vor unserem Gartenzaun. Humor ist manchmal auch eine Frage der Selbstwahrnehmung. Heute ist mir klar, er nahm meine Schwester und mich als zwei dunkelhäutige Kinder wahr, die in Puchheim Jagd auf Hühner machten, und reimte sich wohl zusammen, dass wir direkt aus dem nigerianischen Busch kommen mussten und unsere Beute durch zwei Kontinente bis hierher verfolgt hatten. Ich brachte mich allerdings damals noch überhaupt nicht mit Afrika in Verbindung.

Der Tag hatte begonnen wie so oft. Herr Knitterscheid, Archetyp eines Vorstadtspießers, der etwas weiter die Straße aufwärts wohnte, hatte bei uns an der Tür geklingelt. Mittleres Management bei Siemens, gefühlt immer in Anzug und Krawatte, das Haar stets akkurat gekämmt und eine Brille wie aus Loriots Fundus. Ein »Guten Tag« hatte er offenbar nicht nötig. Die Informationsübermittlung lief schnörkellos: »Das Gatter der Hühner ist offen!« Aha. Knapp und präzise wurden wir darauf hingewiesen, dass unsere Hühner mal wieder ausgebüxt waren und den Bereich rund um die Bushaltestelle Friedenstraße unsicher machten. Für mich und meine Schwester das Normalste auf der Welt. Es bedurfte auch keiner weiteren Worte unserer Eltern.

Wir sind selbstverständlich sofort los, für etwas Action in unserer Vormittagstristesse. Romantisch verklärt würde man jetzt sagen: Früher spielte man noch auf der Straße und saß nicht vor der Spielkonsole. Wobei das auch schon wieder veraltet ist. Heute starrt man auf sein Handy. Wie auch immer, auf jeden Fall stürmten wir direkt los, um unsere Viecher zurück in unseren Garten und das sich darin befindende Gehege zu bringen.

Leider im europäisierten Adams- und Evakostüm: in feinster weißer Baumwollunterwäsche. Und wahrscheinlich waren wir ungewaschen. Im Nachhinein erkannte ich, dass diese Situation stellvertretend für mein Leben steht: Wir waren anders. Und das nicht ausschließlich wegen unserer afrikanischen Wurzeln. Nein, dazu trug zum großen Teil unser Verhalten bei.

2. Kapitel

Schräger, lauter, die Pearcens

Ich bin in Puchheim aufgewachsen, einer 20 000-Einwohner-Gemeinde im äußeren Speckgürtel Münchens. Das sind diese Orte, die nicht so genau wissen, was sie eigentlich sein wollen. Ein bisschen Dorf, wo man »in die Stadt« fährt und am Sonntag »sei Ruah« haben will, aber eben noch zumindest so nah an der Großstadt, dass man im Urlaub immer sagen kann, man käme aus München. Das kennt jeder, da muss man nicht viel erklären. Und wenn ein Amerikaner oder Neuseeländer nichts mit dem Namen München anfangen kann, hilft der Begriff »Oktoberfest«. Studien zufolge übrigens das bekannteste Wort der Welt.

Und man ist schließlich auch etwas stolz, dass man zwar nur in der Nähe der Metropole wohnt, aber immerhin eine Münchner »089er«-Vorwahl hat. Nur das Fürstenfeldbrucker Autokennzeichen an der geliebten Karosse verrät die dörfliche Herkunft. Und immerhin besteht Puchheim aus zwei Teilen: Puchheim-Ort und Puchheim-Bahnhof. Puchheim-Bahnhof hat, wie der Name schon verrät, einen Bahnhof und ist somit das Tor zur weiten Welt, die Pforte zur Freiheit, die Öffnung zur Autonomie. Und Puchheim-Ort ist ein Ort. Manchmal ist die deutsche Sprache schon beinahe langweilig gründlich.

Aber zurück zu Puchheim, jenem Mikrokosmos, in dem ich und meine Geschwister aufwachsen durften. Puchheim ist gutbürgerlich, zumindest in der Gegend, wo wir wohnten. Wie es sich für eine coole Gemeinde gehört, gibt es nämlich auch ein aus eineinhalb Straßen bestehendes kleines Ghetto. Es wurde Kennedy-Siedlung genannt, weil so die eine der beiden Straßen hieß. Kennedystraße und Adenauerstraße. Plattenbauten, ein Fußballplatz mit Steinboden und Eisentoren und viele Satellitenschüsseln an den Balkonen. Das hat damals schon gereicht. Da haben wir aber nicht gelebt. Wir lebten im mondänen Einfamilien- und Reihenhausteil Puchheims, wo der brave deutsche Vati für einen der tonangebenden Arbeitgeber in der großen Stadt beschäftigt ist und die großherzige deutsche Mutti zu Hause bleibt und kocht oder halbtags in der Grundschule beziehungsweise im Kindergarten arbeitet. Die letzten Ausläufer der Biedermeierzeit.

Hinter jenen bürgerlichen Fassaden passieren oft die krudesten Dinge, nicht nur in Österreich (wobei, da sind vor allem die Keller gefährlich). Man liest doch immer wieder in der Zeitung darüber. Bei uns in der Familie fand das Leben *vor* der Fassade statt. Wenn etwas lustig war, lachten wir, manchmal auch laut. Wenn etwas traurig war, weinten wir, manchmal auch bitterlich. Wenn wir uns über etwas ärgerten, zankten wir, manchmal auch heftig. Das kann für die Nachbarschaft schon mal irreführend sein. Man hatte eh oft den Eindruck, dass sie den Polizeinotruf schon sicherheitshalber vorgewählt hatten. Wobei, seinerzeit hätte das bedeutet, dass man die ersten »Einser« an der Wählscheibe schon gedreht haben musste und die »Null« schon am Anschlag hatte. Stets bereit loszulassen, um den Notruf abzusetzen. »Bei de Negers passiert was. Hilfe, schnell!« Ich hatte mal eine mittelschwere Auseinandersetzung mit meiner Mama, die tatsächlich fast zu einem Polizeieinsatz führte. Ich sollte, bevor ich zum Spielplatz durfte, nur noch mein Zimmer aufräumen. Nur noch mein Zimmer aufräumen?! Das Schlimmste, das man einem Kind sagen konnte, welches seine rar gesäte Zeit zum Müßiggang verwenden wollte. Das klingt in Kinderohren so, als würde man einen Mathematikstudenten im ersten Semester bitten, ob er »nur noch schnell« die Vermutung von Birch und Swinnerton-Dyer beweisen konnte.

Ich konnte nicht, und vor allem – ich wollte nicht.

Es ging um etwa achtundfünfzig Legosteine, die noch auf dem Boden rumlagen. Eine Sache von fünf Minuten, aber ich wollte eben *jetzt* los. Das übliche Betteln ging los: »Ich mach das später.« »Nein, sofort.« »Nein, später.« »Nein, *sofort.*« Und zack! flog die erste Sicherung bei mir raus. Ich dachte wohl, es war Zeit für eine Machtdemonstration und deswegen zog ich alle vier Schubladen aus meinem Legoregal (ich hatte wirklich viel von dem Zeug) und schüttete sie schreiend in meinem Zimmer aus.

Aber schreien konnte meine Mama auch, vor allem, als mein selbst gebastelter Lego-Lkw ihr auf den Fuß fiel. Etwas lauter wurde sie, als sie durch mein Zimmer ging und dabei auf einen schönen großen Lego-Viererblock stieg. Die sind aber auch hart und spitz, diese Mistdinger. Kein Betonblock kann dir, wenn er nicht gerade von weit oben auf dich herabfällt, diese Schmerzen verursachen wie ein einzelner kleiner Legostein, wenn man barfuß auf ihn tritt. Jetzt kam ihre durch die Arbeit als Schauspielerin perfekt ausgebildete Stimme zur vollen voluminösen Entfaltung. Da wollte ich mich nicht lumpen lassen und schrie mit (ich weiß nicht, wieso).

Sicherheitshalber stürzte ich mich aber auf den Boden und rollte mich, während ich schrie, unter mein Bett. Ich war schon ein ganz schöner Schisser, muss ich zugeben. Aber unter dem Bett war ich sicher. Bei aller Liebe, aber da passte meine Mama nicht drunter. Was ich nicht bedachte, war, dass sie stark genug war, mein Bett zu verschieben. Ich versuchte mich unter dem Bett zu halten, indem ich mich in die gleiche Richtung rollte, in die meine Mama es schob. Eine kluge Idee, wie ich fand. Allerdings war der Boden noch voll von diesen spitzen, äußerst schmerzhaften Legosteinen (gerade in der zarten Haut eines Kindes), sodass mein Rollen von lauten »Aua!«-Ausrufen begleitet wurde.

»Denkst wohl, du bist in Sicherheit unter dem Bett?«, rief meine Mama und lachte laut. Sie hatte etwas Wahnsinniges in ihrer Stimme, weshalb ich, jetzt endgültig in Panik versetzt, versuchte zu erspähen, was sie vorhatte. Ich sah ihre Füße am Ende des Bettes. Dann sah ich ihre Füße nicht mehr, ich hörte sie nur schreien: »Mama-Bombe!« Einen kurzen Moment lang war Stille. Und aus dem Nichts bog sich der Lattenrost meines Bettes über mir, kam gefährlich nahe an mein Gesicht und federte wieder weg. Über mir hörte ich erst mal nichts. Dann folgte ein seltsames Gackern und der Lattenrost wackelte im Takt mit. Mama lachte. Ich musste auch lachen. Wir steigerten uns, getrennt von meiner Matratze und dem Rost, zu einem fast schon hysterischen Lachanfall und nahmen das Klingeln im Hintergrund erst nicht wahr.

Nach ungefähr einer Minute bemerkte Mama das schrille Geräusch, stand auf, immer noch lachend, und sah aus dem Fenster, das übrigens gekippt gewesen war. Unten am Gartentor stand unser Nachbar und klingelte Sturm.

»Frau Blumhoff, is alles in Ordnung bei Ihnen?!«

»Ja, ja, ich räume nur mit meinem Sohn zusammen sein Zimmer auf. Wieso?«

»Na, dann is ja gut. Ich hab nur Schreie gehört, das klang

nach einem Kampf. Man hört doch immer die schlimmsten Sachen. Is Ihr Mann ned do?«

»Mei, was Sie alles hören. Wo hörn S' denn des? Dann hören Sie vielleicht den falschen Leuten zu. Nein, mein Mann ist beim Einkaufen mit meiner Tochter und meinem älteren Sohn.«

»Na, dann is ja guad. Auf Wiedersehen.«

Mit einem Augenzwinkern kam meine Mama zurück, half mir unter dem Bett raus, und wir räumten zusammen das Zimmer auf. Meinen selbst gebastelten Lego-Lkw nahm sie auseinander und verteilte die einzelnen Teile auf meine vier Legoschubladen.

Aus heutiger Sicht kann ich nachvollziehen, dass es den anderen Leuten sonderbar vorkam, wenn kleine, ungezogen wirkende Kinder gut hörbar mit ihren Eltern stritten. Jeder durfte gleichberechtigt seine Meinung sagen, keiner nahm ein Blatt vor den Mund – und Minuten später lagen wir uns lachend in den Armen. Wir waren echt so *richtig* anders. Und das in einem Umfeld, in das unser Hippie-Rock-'n'-Roll-Lifestyle so gar nicht reinpasste.

3. Kapitel

Mama, der ewige Volksschauspiel-Hippie

Ja, meine Mama. Eigentlich die Person, die das Potenzial gehabt hätte, uns davor zu retten, Aussätzige zu sein. Eigentlich. Meine Mama oder »die Weiße«, wie wir sie nannten, die bayerische Volksschauspielerin Christiane Blumhoff, war der berühmte Star in unserer Straße, die Menschen kannten sie aus dem Fernsehen. Sie hatte in zahlreichen Folgen von »Derrick«, »Weißblaue Geschichten«, »Königlich Bayerrisches Amtsgericht«, »Komödienstadl« und »Polizeiinspektion 1« mitgespielt und stand seit früher Jugend auf den Bühnen dieser Welt. Zudem ist sie eine Paradebayerin. Blond, blauäugig, im Besitz mehrerer Dirndlkleider. Wie aus dem Bilderbuch der Bayernpartei entsprungen. Eine, von der man sagen konnte: »Die kenn ich, des is mei Nachbarin, ganz eine nette Frau.«

Wir hatten Nachbarn, die sich, wenn sie auf meinen Papa und mich trafen, leise vor sich hin grummelnd abwendeten, wenn wir sie grüßten. Und ich bin mir ziemlich sicher, dass sie nicht »Ja grüß Sie, lieber Herr Pearce, und auch der liebreizende Sohn, ich bin so froh, Sie, meine heiß geliebten Nachbarn, hier auf der Straße zu treffen« in ihren Bart murmelten. Aber waren wir zusammen mit meiner Mama unterwegs, konnten sie sich kaum halten vor Nächstenliebe. Da wurde mir in die Backe gekniffen (und sich danach bestimmt die Hand desinfiziert) und laut gelacht. »Grüß Sie, Frau

Blumhoff! Und der liebe Gatte ist auch dabei und der liebreizende Sohn. Mei das freut mich jetzt, dass ich Sie hier heute treff. Einen schönen Tag Ihnen allen.«

Aber so ganz volkstümlich und der gewünschten Norm entsprechend war sie privat dann doch nicht. Meine Mama trug nämlich leider ein ordentliches Stück zu unserer Andersartigkeit bei. Zum Glück, aus heutiger Sicht! Aber als Kind will man einfach nur dazugehören und nicht um jeden Preis auffallen, deshalb auch leider. Privat war sie nämlich Puchheims einziger, sagen wir mal, Halbhippie. Sie trug den Geist der 68er-Jahre in sich: Sie war und ist Feministin, jederzeit bereit, eine Demonstration anzuzetteln oder an einer teilzunehmen, umweltbewusst, nahm nie ein Blatt vor den Mund und war modisch, wie soll ich sagen, durchaus experimentierfreudig. Sie war der perfekte Gegenentwurf zu Papa.

Sie ist schon sehr leger, unsere Mutter. Und sie war von Anfang an die einzig wahre »Wilde« in unserer Familie. In ihrer Handtasche sah es aus wie im Utensilienschrank einer Voodoo-Priesterin: Hasenpfoten, Wildschweinzähne, Hühnerknochen und Q-Tips.

»Das bringt Glück«, sagte sie, wenn man sie darauf ansprach. Klar, weil jeder Taschendieb die Tasche zurückbringen würde, nachdem er reingeschaut hat, und sagen würde: »Sie sollten sich schämen! Auch wir haben ein Recht auf saubere Arbeitsbedingungen!«

Diese Hühnerknochen auch immer! Die sahen aus, als gehörten sie in die Auslage eines Kunsthändlers. Alle waren sie blitzeblank gelutscht. Ja, Knochen werden grundsätzlich so lange abgenagt und abgelutscht, bis man sie direkt wieder als Elfenbein verkaufen kann. Ich meine, ich mag auch gerne Chicken Wings und eigentlich jegliche Art von Knochen mit

Fleisch drumherum zum Abknabbern. Ich bin kein Fan von Klischees, aber eine Sache kann ich wirklich bestätigen: Menschen mit Wurzeln in Afrika stehen auf den Verzehr von Hühnchen. Da mag der Bruder noch so satt sein, wenn es irgendwo »Chicken« gibt, ist er dabei! Da entsprechen wir tatsächlich der Phrase: »Der Neger ist ein Nager.«

Aber wir essen sie ganz normal, wie jeder andere Mensch auch. Das Fleisch wird vom Knochen genagt, der Knorpel runtergebissen und zerkaut, dann der Knochen auseinandergebrochen und das Knochenmark getrunken. Wie ein ganz gewöhnlicher Mensch das eben so tut. Meine Mama hat die Dinger vergewaltigt. Das waren Blowjobs. Blitzeblankgelutscht.

Mein Vater benahm sich in der Öffentlichkeit ruhig, zurückhaltend, höflich und »möglichst deutsch«. Ganz im Sinne seines Politikstudiums war er höchst diplomatisch. Er war quasi der Kofi Annan von Puchheim. Und wenn Papa der Kofi Annan von Puchheim war, war Mama eine Art weiblicher Peter Lustig, die als Pressesprecherin der Roten Armee Fraktion jobbte. Sie war das genaue Gegenteil von Papa. Ungeniert, lustig, übermütig, laut und frech. Sie hielt ihre Meinung nie zurück und ließ andere nie ausreden, wie ein Crossfader. Das heißt, dass sie gerne im Satz des Gegenübers anfing zu antworten und dann war es eine Frage der Lautstärke, welchen Gesprächspartner man zu Ende hören konnte. An sich schätze ich ihr Verhalten sehr, aber ich arbeitete damals hart daran, Coolness-Punkte zu sammeln, oder auch nur ein wenig Akzeptanz, und Mama korrumpierte diese Versuche gerne mal durch ihr Auftreten.

Warum, frage ich mich heute, warum bei den sieben Toren der Hölle musste diese Phase ihres Lebens sich vom Tag meiner Geburt bis weit über meine Pubertät hinaus ziehen? Warum in nigerianischen Gewändern zum Einkaufen gehen? Warum in Birkenstock-Sandalen? Warum muss sie ausgerechnet am Tag meines Elternsprechabends in der Schule ihren »BH-losen Tag« haben? Die Eltern redeten mit ihren Kindern und Kinder redeten untereinander. Und die Finger zeigten auf mich.

Im Rückblick denke ich, dass Mama alles richtig gemacht hat und sich so verhielt, dass heute jeder Hipster vor Ehrfurcht eins ihrer »Vintage-Shirts« nachgestrickt hätte. Wenn damals nur schon alles cool gewesen wäre. Statt Süßigkeiten bekamen wir Körnchen, getrocknete Rosinen, Superfood und Lebensmittel aus ökologischem Anbau. Milch direkt vom Bauern, die man erst essen musste, bevor man sie trinken konnte, weil sie grundsätzlich von einer vier Zentimeter dicken Rahmschicht bedeckt war. Dörrobst statt Gummibärchen, Äpfel vom Baum, gerne mit Wurm im Anschnitt. Allein schon diese Äpfel. Diese grauenhaften Apfelschnitze vom Biobauern, die ich jedes Mal aufs Neue enttäuscht in der großen Pause aus meiner Tupperbox zog.

Die große Pause ist das größte gesellschaftliche Ereignis im Mikrokosmos des Grundschulpausenhofs. Ein Sehen und Gesehenwerden. Wer trägt welche Klamotten, wer ist der beste Fußstoppspieler und vor allem, wer hat die heißeste Ware am Start? In unserer Schule ging es zu wie auf einem Drogenumschlagplatz. Direkt auf dem Pausenhof, dem Marktplatz des Verbrechens. Es war der sogenannte »Süßigkeiten-Schwarzmarkt«! Da florierte der Tauschhandel wie zu Zeiten der Weimarer Republik: »Ich hab hier ein Raider, wer tauscht?« »Ja, gern, Raider gegen Snickers.« »Snickers gegen Gummibärchen, irgendwer?« »Jemand ein Bounty?«

»Ein Bounty gegen zwei Gummibärchenpackungen!« Bounty war seltsamerweise das beliebteste Tauschobjekt, vielleicht weil Kokos damals noch als exklusive Ware aus fernen Ländern galt. Ich konnte mich leider nicht am Handel beteiligen. Beziehungsweise: Keiner hatte Interesse, mit mir in Wirtschaftsbeziehungen zu treten. Das lag mitnichten daran, dass ich quasi auch exklusiv und aus einem fremden Land stammte, also nicht an meiner Hautfarbe, sondern schlicht an den Waren, die ich feilzubieten hatte.

Meine Öko-Mama hatte eben eine ganz eigene Meinung zu Süßigkeiten. Bei mir zu Hause galt leider der Satz: »Wenn du was Süßes möchtest, iss halt einen Apfel!« Iss *halt* einen Apfel. Als wäre das die naheliegende Option, damit den Hunger auf Süßkram zu befriedigen. Selbst heute bekomme ich bei diesem Satz noch Zahnbelag. Diesen Ekelbelag, der die Zähne so knirschen lässt, wenn man sie übereinanderreibt. So dankbar ich Mama heute dafür bin, als Kind will man keinen Apfel als Alternative zum Schokoriegel angeboten bekommen. Man will auch wie die anderen Kinder ein cooles Getränk wie Sprite oder Fanta. Aber nein. Ich bekam selbst zusammengemischte naturtrübe Apfelschorle! Und zwar von der Art, bei der man nie sicher war, ob die Kohlensäure vom Mineralwasser stammte oder bei der Schorle bereits der Gärprozess eingesetzt hatte und man mit dem ersten Schluck seine ersten Schritte in die Alkoholsucht tätigte.

Wenn die Mama mal so richtig gut drauf war, bekam ich eine Limo. Limo hieß aber »a Leitungswasser und eine Multivitamintablette«. Und im Gewinde der Deckel der Weichplastiktupperflasche hatten sich noch die Reste vom Kakao aus der Vorwoche gesammelt. Pfui Deifi! Ich hab mich mehr übergeben, als ich trinken konnte.

Und man will bunt verpackte Süßigkeiten, die die Zähne

herrlich durchlöchen. Meine Zähne hatten keine Löcher. Meine Zähne bogen sich ehrfürchtig auseinander beim Versuch, in diese braun anoxidierten, säureübersättigten Apfelschnipselchen vom Biobauern, die in meiner Tupperbox schon ein Eigenleben entwickelten, zu beißen. Sie wollten keinesfalls in Kontakt mit ihnen kommen. Karius und Baktus verließen fluchtartig ihre Produktionsstätten in meiner Mundhöhle und mein Zahnfleisch zog sich zurück wie eine Schnecke, wenn man ihre Fühler berührt. Ich verdanke meine ausgeprägten Zahnlücken einzig und allein diesen Äpfeln.

Als meine Finger noch etwas schmaler waren, konnte ich tatsächlich meinen Zeigefinger in meine Zahnlücke stecken. Übrigens auch keine Fähigkeit, mit der man bei anderen Kindern Eindruck schindet. Wenn ich heute, in Eile, zu heftig an einer Zigarette zieh, kann es schon mal vorkommen, dass sie mir durch die Zahnlücke durchsaust und erst vom Gaumenzäpfchen gebremst wird. Aber meine Zahnzwischenräume reinigen sich von selbst. Und ich bin bis heute lochfrei. Wie gesagt, aus heutiger Sicht alles richtig gemacht.

Auf Tauschgeschäfte mit mir wollte sich aber kein anderes Kind einlassen. Dabei hätte ich für eine Kindermilchschnitte oder einen Fruchtzwerg freiwillig hochwertige Buchweizensticks oder getrocknete Feigen geboten. Na ja, egal. Meine liebe Mutter hat sich generell schon früh dem neuzeitlichen Konsumwahnsinn entgegengestellt. Bravo auch hierfür.

Abgesehen von ihren moralisch fortschrittlichen Idealen, bewies Mama seinerzeit viel Mut, einen Afrikaner zu heiraten. Pfui! Ein ganz schön ekelhafter Satz eigentlich. Aber leider wahr. Wenn man überlegt, dass es eigentlich noch gar nicht so lange her ist, ist das schon bitter. Sie wurde tatsächlich von vielen Bekannten für ihren »mutigen Schritt« gelobt, gleichzeitig bekam sie auch schnell die Konsequenzen zu spüren. Ihre Karriere als »bayerische Volksschauspielerin« stagnierte nämlich auf einmal. Ohne nähere Begründung. Für einige Zeit.

»An sehr netten Mann host da, Christiane. Und i find des super und sehr mutig, dass ihr geheiratet habt. Aber moanst, dass des so guad is, wennst ihn auch immer überall mit hinbringst? Da kommst nur ins Gerede. Des brauchts doch ned, oder?«, versuchte ihr ein Kollege mit sorgenvoller Miene nach einer Theaterpremiere ins Gewissen zu reden. Und das war nicht mal böse gemeint. Ein Ausdruck höchsten Respekts in einer Phase dezenter künstlerischer Diskriminierung. Tatsächlich gingen ihre Engagements in den ersten Jahren der Beziehung mit meinem Vater auffällig stark zurück, was sich aber nach einiger Zeit zum Glück wieder erledigte.

Im Übrigen ist der Moment, in dem sich meine Eltern kennenlernten, ein perfektes Exempel für Mamas direkte, unverblümte Art. Es trug sich Anfang der 1970er-Jahre zu, eine Kollegin hatte Mama mit auf eine Studentenparty genommen. Ich will gar nicht wissen, was alles auf diesen Studentenpartys Anfang der 70er-Jahre passiert ist, aber ich nehme jetzt einfach mal an, sie trank ganz zivilisiert ein Glas Wein und sah sich ein wenig um. Und auf einmal stand er da. Mein Papa. Also damals war er noch nicht mein Papa, weil sich meine Eltern an jenem Abend erst kennenlernen sollten. Damals war er einfach nur der Charly, Politikstudent, Single, Nigerianer. Nicht der größte Mann auf der Party, aber muskulös, mit einem wahnsinnig sympathischen Blick ausgestattet und ohne Begleitung unterwegs. Seine Hautfarbe, sein Mini-Afro und eine Art Horn auf der Stirn, knapp über den Augenbrauen, machten Mama neugierig. Meine Mutter mag besondere Merkmale. Und der Charly hatte wirklich so ein Minihorn auf der Stirn. Beziehungsweise einen kleinen Huckel, wohl eine Talkansammlung, aber ich will hier nicht näher ins Detail gehen. Nichts Unappetitliches, aber doch etwas, was einem mit Ende zwanzig eventuell unangenehm sein könnte. Auftritt Mama. Selbstbewusst ging sie auf ihn zu und deutete auf seine Stirn.

»Was hast du denn da für ein Horn?!«
»Äh ... nix Slimmes!« (Papa konnte das »Sch« nicht so gut aussprechen.)
»Bist du aus Afrika?«
»Ja, Nigeria.«
»Hast du schon mal mit einem Löwen gekämpft?«
»Nein, ich komme aus der einwohnerstärksten Stadt Nigerias, meine Eltern waren Rechtsanwälte, wir kämpfen nicht gegen Löwen, sondern gegen die Ausbeutung unseres Staates durch multinationale Konzerne.« (Gut, den Satz bekam er wahrscheinlich damals nicht so sauber raus, aber es geht um die Sache.)
»Auch nicht schlecht, da würde ich mitkämpfen. Willst du tanzen?«

Er wollte. Und sie verliebten sich. So, oder so ähnlich. Ich war ja nicht dabei. Dann kam die Hochzeit, mein Bruder, etwas später meine Schwester und schließlich ich. Das Nesthäkchen.

Diese kleine Episode zeigt den Unterschied zwischen meinen Eltern ziemlich klar auf. Papa sah die Dinge gelassen. Er hätte auf diese, wenn auch unabsichtlich, doch sehr plumpe Annäherung meiner Mama durchaus ablehnend reagieren können. Und Mama redet nicht gerne um den heißen Brei herum und hat sich bis heute eine fast kindliche Neugierde und Direktheit behalten. Allerdings nicht immer mit einem solchen Happy End wie beim Kennenlernen meines künftigen Herrn Papa.

Irgendwann später saß Mama mit meiner Schwester und mir auf dem Schoß, samt meinem Bruder auf dem Sitz nebenan, in der S-Bahn Richtung München. Wir spielten beziehungsweise Mama hielt uns mit Grimassen bei Laune. Eine ältere Dame, die sich bald als Fan meiner Mutter zu erkennen gab, kam auf uns zu. »Mei, sind die liab. Wirklich, Frau Blumhoff, des sind ja putzige Negerkinder. Mit de Glupperlaugn und de lustigen Haar! Naa, die san wirkle liab. Die ham S' aber schon adoptiert, gell?«

Mama nahm Nancy und mich vom Schoß, ließ ihre linke Hand flach und formte die rechte zu einer Faust. Jetzt ließ sie die Faust mit der Fläche, die Daumen und angewinkelter Zeigefinger bildeten, auf die Handfläche ihrer linken Hand klatschen. Mehrfach hintereinander. Klatsch! Klatsch! Klatsch! Ein international bekanntes Symbol für *Beischlaf*.

»Naa, die hab ich gemacht! Mit meinem Mann! Er schnackselt doch so gerne, der Afrikaner, gell?« Das war zu viel für die eben noch so liebreizend grinsende Mittsechzigerin. Sie schnappte nach Luft, drehte sich wortlos um und setzte sich woandershin. Ich weiß gar nicht, ob es die obszöne Geste meiner Mutter war, die so abschreckend wirkte, oder der Gedanke, dass ihre geliebte Volksschauspielerin, ihre Frau Blumhoff, tatsächlich körperlich mit einem Afrikaner tätig geworden ist. Adoptieren darf man uns, aber doch bitte nicht kopulieren.

4. Kapitel

Papa, der Kinderschreck

Ein Häuschen, ein Garten, ein Golden Retriever oder gleich ein Dackel, Meerschweinchen oder Hamster für die Kinder, Kanarienvögel, Fische. Das war die Basis-Haustierausstattung der Puchheimer. Die ganz Verrückten haben sich vielleicht eine Schildkröte gegönnt. Aber auf keinen Fall wild gackernde Hühner, Puten und Hasen so wie wir. Die Retriever und Kanarienvögel wurden, meines Wissens, auch nicht geschlachtet und gegessen (nur an Weihnachten, wenn die Nachbarn unaufmerksam waren und sich um ihre Bäume kümmerten statt um ihre Haustiere).

Bei uns wurden die Hühner und Hasen geschlachtet. Im Freien. Oder: Öffentlich hingerichtet trifft es fast besser.

Unser Garten zeigte zur Straße raus und meine Eltern verzichteten darauf, wie so viele andere, eine dichte Hecke anzubauen, damit wir vor Blicken geschützt waren.

Einige Leute waren der viel zu einfachen Auffassung, andere Kinder würden uns meiden, weil wir eine andere Hautfarbe hatten. Das war aber falsch. Der wahre Grund war die Schlachterei. Meine ersten zaghaften freundschaftlichen Annäherungen an sogenannte »Gleichaltrige« wurden eiskalt weggeschlachtet.

Ich kann mich nicht erinnern, dass jemand meine Freundschaft mit billigen infantilen Floskeln wie »Der stinkt«, »Der ist blöd«, »Der hat doofe Spielsachen« und so weiter abgelehnt hätte. Das hätte ich auch nicht akzeptiert. Man mied mich wegen der regelmäßigen Gartenschlachtungen meines Vaters.

»Dürfen wir morgen wieder mit zum Simon kommen? Der Vater schlachtet da immer Hühner und die flattern noch ein bisschen ohne Kopf herum.« Spätestens die Eltern der anderen Kinder erstickten jegliche minimal aufkommende Form von Freundschaft zu mir im Keim.

Apropos Hühner und ihre kopflose Mobilität: Ich überlegte oft zusammen mit meinem älteren Bruder, was sich Gott eigentlich dachte, als er die Spezialfähigkeiten bei den Tieren verteilte. Wir kamen auf folgende Lösung.

Gott sprach: »So, die meisten Viecher hätt mer. A paar fehlen no. Die Schlangen, des san meine ganz besondren Freunde. Passts auf, ihr kriagts vo mir Giftzähn, damit könnts eure Gegner invalid macha und späder kenntsas zamfressen. Und ihr bewegt euch aa so, dass a jeda glei Schiss kriagt. Schlängeln nenn i des.

Spinnen. Spinnen ... ah, logo. Geil, ihr kriagts so klebrige Fäden, mit dene kennts schiassn und eire Feind einfanga. Freile, Giftzähn kriagts aa und an greisligen Gang eh. Mit so acht Beine, dann find euch jeder glei zum Fiachtn und lafft davo, so schnell er ko. Wen gibt's no? Ah, genau!

Die Henna ... pffft. Ihr regts mi eh scho auf mit dem ewigen Gegacker! Passts auf, ihr derfts no zehn Sekunden weiterlaufen, wenn ma eich an Kopf obschlagt. Und jetzt schleichts eich!«

Dass Gott Bayrisch spricht, leuchtet wohl ein. Jedem Bayern zumindest. Für Nichtbayern hier die Übersetzung:

Gott sprach: »So, die meisten Tiere hätten wir. Es fehlen nur noch ein paar. Da die Schlangen meine ganz besonderen Freunde sind, bekommen sie von mir Giftzähne, damit sie ihre Gegner erst kampfunfähig machen und anschließend verspeisen. Weil ihr so hinterlistig schleicht, bekommen es alle mit der Angst zu tun.

Spinnen. Spinnen, ui, denen verpasse ich haftende Fäden, mit denen sie auf Widersacher zielen und diese in Gewahrsam nehmen. Giftzähne und einen furchterregenden Gang solltet ihr auch haben. Und acht Beine an der Zahl! Eure Rivalen werden panisch die Flucht ergreifen. Was für Tiere gibt es noch? Aaaaah, die Hühner! Puh. Ihr geht mir sowieso auf die Nerven mit eurem Gegacker! Ich hab's! Ihr dürft noch zehn Sekunden in der Gegend herumrennen, wenn man euch den Kopf abhackt. Auf Wiedersehen!«

O ja, wir waren anders! Wir fanden es auch nicht so schlimm, wir hatten ja uns. Aber ein wenig will man doch dazugehören. Aber wie denn, unsere wohl grausam oder barbarisch wirkenden Ernährungsrituale sprachen sich schnell herum. Wir bereiteten unser Essen nicht einfach zu. Pearce-Style! Wenn, dann vernünftig, voll auf die Zwölf, mit Paukenschlag und Kehlenschnitt. Mein Vater, der Dunkelste unserer Familie (was vielleicht dran liegen könnte, dass er der einzige echte Afrikaner war), erfüllte seinen Part als kindererschreckender Schlachtmeister jedenfalls hervorragend.

Beispiel gefällig? Gern! Ich war natürlich, wie es sich für einen anständigen oberbayerischen Burschen gehört, bereits mit sechs Jahren im örtlichen Fußballverein angemeldet. Allein schon, weil mir das wöchentliche »Obacht, die ham an Neger, der is schnell!« seltsamerweise das Selbstbewusstsein verlieh, mich tatsächlich für den schnellsten Spieler meines

Jahrgangs zu halten. Und weil ich bei einem schicksalsweisenden Ausflug, von dem ich später berichten werde, Fußballfan wurde.

In diesem Verein bahnte sich auch meine erste Fastfreundschaft an. Ich hatte einen ebenso schnellen Mannschaftskameraden namens Berni. (Gut, er war fast ebenso schnell, also relativ flink, sprich: flott. Fairerweise sag ich: Für einen Weißen war er mir läuferisch *nicht absolut unterlegen,* nur ein bisschen.) Wir verstanden uns von Anfang an prima, machten unsere Übungen gemeinsam und hatten auch fast den gleichen Heimweg. Da seine Eltern eine Wirtschaft besaßen, entschied ich mich, aus purer Fürsorge, oft dazu, den »Umweg« über seine Straße zu nehmen und ihn sicher bei seiner Mama in der Küche abzuliefern. Wir waren schließlich beide noch sehr klein und die Mutter freute sich, dass jemand ihren Sohn begleitete. Dass sie dann jedes Mal darauf bestand, mich mit Pommes und Bratensoße, Knödelgröstl oder gar einem Schnitzel zu bezahlen, kränkte zwar stets meine Ehre, aber ich gab, gut erzogen, wie ich nun einmal war, klein bei und akzeptierte das Abendbrot samt dem dazu servierten Spezi. Wir waren auf dem Weg, eine wunderbare Freundschaft aufzubauen, von der beide Seiten gleichermaßen profitierten. Allerdings fiel mir eines Tages auf, dass der Umweg in Wahrheit nur eine einzige Seitenstraße betrug und es eventuell sein könnte, dass die Bezahlung etwas zu hoch ausfiel. Da dachte ich mir, Berni einfach mal zu mir nach Hause einzuladen. Da gab es zwar keine Garantie, dass etwas zu essen bereitstand und Spezi schon gleich dreimal nicht, aber wir hatten im Gegensatz zu Bernis Eltern einen Garten, in dem man auf Bäume klettern, schaukeln, Fangen und bei schönem Wetter Fußball spielen konnte. Seine Eltern erlaubten es ihm, da ich doch immer sehr höflich war, es sprach also nichts dagegen. Meine Eltern freuten sich auf den Besuch und versprachen, dass sie sich beim Mittagessen nicht lumpen ließen.

Es hätte alles so schön werden können. Der sechsjährige Knirps Berni aus einem bodenständigen bayerischen Gastronomiebetrieb war bei den Eltern eines Kameraden aus der Fußballmannschaft zum Essen eingeladen. Da sollte doch nichts schiefgehen. Seine Mama zog ihm ein feines Hemd und die freche Latzhose an und frisierte die Haare schön, nachdem sie ihm ein paar Süßigkeiten und eine Packung Taschentücher, falls er sich schnäuzen musste, in seinen kleinen Kinderrucksack gesteckt hatte. Er machte sich rotbackig und fröhlich pfeifend im Hopserlauf auf den Weg. Einmal über die Straße an der Bushaltestelle vorbei zu unserem Zaun. Hinter diesem Zaun ragten die hohen Fichten hervor, die zusammen mit dem dichten Gestrüpp die Sicht auf den Garten raubten.

Er hüpfte in die Einfahrt, stellte sich gut gelaunt vor das Gartentor, klingelt und freute sich schon auf das Essen und eine kühle Limo oder ein Spezi, es war schließlich Sommer. Und jetzt stand dieser ein Meter zwanzig kleine Erstklässler da, bereit, das Tor zu öffnen. Er blickte in unseren Garten, und was sah er? Meinen Papa. Zunächst erst mal ein schöner Anblick. Wenn auch für einen kleinen Jungen ein gewöhnungsbedürftiger, wegen seiner sehr dunklen Farbe. Hatte er sich doch gerade erst an die Mischlingsfarbe seines Abwehrkollegen gewöhnt.

Jener Vater stand mit seinen ein Meter sechsundsiebzig im Garten und wirkte wahrscheinlich auf den kleinen Berni wie ein Riese. Ein grausamer Riese. Weil es warm war, trug mein Vater nur eine kurze Hose und Sandalen. Sein Oberkörper war nackt, wie es sich für einen Kerl gehört, und der Schweiß rann ihm an der dunklen Glatze herunter wie Bratensoße von einer umgedrehten Suppenkelle. Sein Kopf glänzte im Sonnenlicht. Berni lief jedoch nicht das Wasser im Mund zusammen, sondern bekam schreckliche Angst. Nicht nur wegen des nackten Oberkörpers und der Glatze, sondern auch, weil mein Vater bewaffnet war! In der linken Hand hielt er eine Machete und in der rechten Hand eine Streitaxt – wie in einem Wikingerfilm. Das zumindest erzählte Berni kurz danach weinend seinen Eltern. Die Machete ist in Wirklichkeit ein gut geschärftes Küchenmesser und die Axt ein handelsüblicher Schlosserhammer, aber in den Augen eines Kindes müssen die beiden Gegenstände enorm bedrohlich wirken.

Als ich mich gerade fertig umgezogen hatte, hörte ich die Klingel. Bevor ich rausging, um meinen Fußballfreund zu begrüßen, sah ich aus dem Fenster und wunderte mich, dass er das Haus nicht betrat. Unser Gartentor war nie abgeschlossen, man konnte es leicht öffnen. Ich sah, wie Berni mit offenem Mund meinen Vater anstarrte, der Berni wohl noch nicht entdeckt hatte. Bernis Gesichtsausdruck glich dem eines Uhus, den man mit Blitz fotografiert hat – starr, erfroren und mit vor Schreck weit aufgerissenen Augen. Schon begannen die ersten Fluchtreflexe einzusetzen. Er bewegte seinen Kopf etwas nach links, wohl, um sich unseren schönen Garten anzusehen. Dort sah er unser Kinderschaukelgerüst. Ich wiederhole: unser Kinderschaukelgerüst, ein Ort, an dem es nichts als Glückseligkeit und heitere Kinderfantasie geben sollte. Aber auf der Querstange baumelten unsere drei fettesten Hasen, aufgehängt an den Beinen. Wie schon erwähnt: Meine Eltern wollten uns schließlich mit einer besonders schmackhaften Mahlzeit verwöhnen.

Ich stand noch immer an meinem Fenster und blickte wieder zu Berni. Jegliche Farbe war aus seinem Gesicht gewichen. Mein Vater strich den Hasen, einem nach dem anderen, mit dem Hammer zärtlich über den Hinterkopf, zielsicher und tödlich haute er ihnen auf die Schädeldecke. Und schlitzte ihnen daraufhin mit dem Messer den Bauch auf, damit er ihnen das lästige Fell abziehen und die Innereien entnehmen konnte. Das war dem kleinen Berni zu viel, der sich vermutlich nichts sehnlicher wünschte, als wieder seine Windeln anzuziehen. Als ich rausging, um Berni hineinzubitten, war er längst über alle Berge. Er hatte sich buchstäblich in die Hosen geschissen. Angst essen Freundschaft auf.

Die Hasen schmeckten, nigerianisch zubereitet mit einer scharfen Soße, Okraschoten und Fufu, hervorragend. Insgeheim war ich ganz froh, mir das Essen nicht mit einem weiteren Menschen teilen zu müssen, noch dazu mit einem, der nicht einmal den Anblick von drei blutrünstig abgestochenen Hasen ertrug. Berni lehnte meine weiteren Einladungen alle weinend ab. Meine erste Freundschaft ging also auf Papas Kosten.

5. Kapitel

Frischfleisch am Gartenzaun

Mein Vater tat eigentlich alles dafür, damit wir perfekt integriert waren. Gewöhnlich trug er ganz normale Klamotten und war, wenn man die Hautfarbe und die Schlachtexzesse im Garten ausblendete, der bürgerlichere meiner beiden Eltern. Er passte ausgezeichnet in das brave Puchheimer Umfeld, war äußerst zurückhaltend und höflich, streng darauf bedacht, nicht »negativ« aufzufallen, und in manchen Momenten fast schon pedantisch spießbürgerlich. Sommerliche Samstage verbrachte er meistens im Garten wie alle anderen Puchheimer. Irgendwie hob er sich seine seltsamen Momente sämtlich für den Garten auf.

Um Punkt 14 Uhr 30 schmiss er sein Radio an. Und es lief nicht Funk and Soul oder gar traditionelle afrikanische Musik, nein. Papa schaltete samstags immer um 14 Uhr 30 Bayern 1 ein, damit er die um 15 Uhr 30 beginnende Radioberichterstattung zum Bundesligaspieltag nicht verpasste. Vorher wurde selbstverständlich das Auto gewaschen, untermalt von den Klängen der schönsten Schlager, und kurz darauf mähte er den Rasen, schnitt die Hecke und was ein guter Vorortbürger eben sonst noch so im Garten trieb an einem herrlichen Samstagnachmittag – begleitet von Günther Kochs Fußballkommentaren. Es fehlte eigentlich nur das nachbarschaftliche Gespräch über den Gartenzaun, um ihn zum perfekten Spießer zu machen ... Das perfekte oberflächliche Vorortnachbargespräch. Das hätte ungefähr so geklungen:

»Guten Tag, Herr Nachbar! Ist das nicht ein herrlicher Tag?«

»Gott zum Gruße, ja, herrlich! Wie gemacht, um das Auto zu waschen und die Hecke zu schneiden. Wie geht es der werten Frau Gemahlin?«

»Prima, sie bereitet gerade Kaffee und Kuchen vor. Haben Sie schon gesehen, der Herr Schindler hat sich einen neuen BMW gekauft? Also, wo der das Geld immer hernimmt.«

Integrationslevel tausend! Diese Gespräche fanden aber, zum Glück, nie statt. Das lag aber eher an den Nachbarn. Die Angst vor ihm wurden sie nicht so schnell los. Obwohl er quasi alles tat, um sich die Puchheimer zu Freunden zu machen. Sein größter Coup war wohl, als er frisch geschlachtetes Fleisch zum Verkauf anbot. Damit konnte er sie zumindest schon mal in Sprechdistanz locken.

Wir hatten einen Riesengarten und wirklich übertrieben viele Tiere. Zu Spitzenzeiten waren es an die vierzig Hühner, sechs Puten und fünfundzwanzig Hasen. Ich weiß ehrlich gesagt nicht, wieso wir die Tiere hielten. Sie waren schon da, als ich geboren wurde. Und ich muss hier dazusagen, dass mein Vater sein Studium abbrach, als mein Bruder zur Welt kam. Er wollte sich, was für die damalige Zeit ein großer Schritt war, um die Erziehung kümmern und meiner Mama ermöglichen, weiterzuarbeiten. Keine Selbstverständlichkeit Ende der 70er-Jahre. Papa war also Hausmann, und als Hobby neben der Autopflege hielt er sich eben ein paar Tiere. Vor Hunden hatte er Angst, Katzen mochten ihn nicht, was lag also näher, als sich Hühner, Puten und Hasen zuzulegen.

So viel zur Vorgeschichte, ich wollte doch erzählen, wie es zum Fleischverkauf kam: Los ging es mit einem Missverständnis. Unsere Nachbarin, Frau Stangl, etwa achtzig Jahre alt und halb blind, war wohl die einzige Puchheimerin, die keine Vorurteile gegenüber meinem Vater hatte. Sie dachte wohl, mein Vater sei einfach viel in der Sonne, denn sie sagte gern: »Grüß Gott, Herr Blumhoff.« (Meine Mama benutzte den Mädchennamen ihrer Mutter seit Anbeginn ihrer Karriere als Künstlernamen. Dass unser Familienname »Pearce« war, verstand Frau Stangl nie.) »Sie san immer so schön braun gebrannt. Sie sind selbstständig, gell? Weil ein Angestellter hätte nicht so viel Zeit, sich zu sonnen.« Das war kein Scherz, sie dachte das *wirklich*. Und sie war die Erste, die bei uns Eier kaufte. Die Eier waren schön groß mit tollen Dottern, die super schmeckten. Darum kam sie mehrmals die Woche vorbei. Irgendwann kaufte sie dann auch mal ein Huhn, und allmählich trauten sich auch die anderen Puchheimer, bei ihm einzukaufen, und mein Vater freute sich über die Nebeneinnahmen. Er verlangte nicht viel und die Qualität war einwandfrei. So kam es dazu, dass er das frisch geschlachtete Fleisch und die Hühnereier an die umliegende Anwohnerschaft verkaufte, und dieses Angebot wurde auch gerne angenommen. Auch wenn es für viele jedes Mal eine Art Mutprobe gewesen sein musste. Mein Vater nahm die kurzen Verkaufsgespräche zum Anlass, seine weltoffene Grundeinstellung zur Schau zu stellen. Den Herren erzählte er gute Witze und die Damen bedachte er mit charmanten Komplimenten. Mein Bruder Wilson durfte damals schon Erwachsenenarbeit leisten und half ihm, die Hühner zu rupfen und Messer zu schleifen. Ich war immer etwas neidisch auf ihn und freute mich schon darauf, wenn ich endlich so alt sein würde und mit einem Messer hantieren durfte. Mein Bruder hasste die Arbeit. Es war anstrengend und er durfte das Messer nicht benutzen, sondern nur schleifen. Ich glaube, insgeheim wäre er auch lieber mit uns auf Hühnerjagd gegangen.

Während dieser Verkaufstage legte ich mich gerne auf unser Garagendach und belauschte die Gespräche der wartenden Menschen in unserer Einfahrt. Einmal hörte ich eine Frauenstimme: »... sagt die doch tatsächlich zu mir, ich hätte was gegen Ausländer. Nur, weil ich gesagt hab, dass man froh sein muss, wenn in der Kennedy-Siedlung noch einer Deutsch redet. Ich und ausländerfeindlich. Ich hab der dann gleich gesagt, dass ich hier bei dem reizenden Neger sogar Eier einkaufe. Direkt bei ihm dahoam. Da hat sie dann nix mehr gesagt.«

Alexander Gauland von der AfD behauptete, die Deutschen würden Jérôme Boateng nicht gern als Nachbarn haben, weil er dunkelhäutig sei. Tja, hätte Herr Boateng ein paar frisch geschlachtete Tiere am Gartentürchen feilgeboten, dann hätten ihn die Anlieger zumindest für einen Moment vermutlich genauso geliebt wie die Puchheimer meinen Vater, bei dem sie beste Bio-Ware aus erster Hand einkaufen konnten (auch wenn es diesen Begriff damals noch gar nicht gab).

Dieser sonntägliche Fleischverkauf bot einen absurden Anblick. Eine Traube von ängstlichen, aber sparwilligen Menschen, die sich gegenseitig den Vortritt ließen. Niemand wollte als Erster in »Bissweite« meines Vaters gelangen. Wie eine Horde äußerst höflicher Mungos, die sich um eine Kobra herumdrückten. An dieser Stelle wurde der innere Konflikt der Puchheimer sehr deutlich erkennbar. Das Fleisch meines Vaters war günstiger als im Supermarkt, dazu noch von Eins-a-Qualität und damit eigentlich ein unschlagbares Angebot. Voraussetzung war nur leider, dass man dafür eben in direkten Kontakt, verbal und vielleicht sogar haptisch, mit meinem Vater treten musste. Aus der Ferne mag es ganz spannend sein, »einen solchen« zu beobachten. Zur Ehrverteidigung der ängstlichen Einkäufer muss man vielleicht noch sagen, dass mein Vater oft mit nacktem Oberkörper und seinem Schlachtwerkzeug im Garten stand und nicht so wirkte, als könne man mit ihm gut Kirschen essen. Irgendwann schlachtete er die Hühner und Hasen nur noch für uns, nach einer Weile verzichtete er komplett darauf und nutzte den großen Garten nur noch zum Gemüseanbau. Wobei, der Großteil des Gartens wurde sich selbst überlassen. Vielleicht wollte Papa ein bisschen Urwaldfeeeling vermitteln.

Mein Sinn für Humor war damals – ich war acht oder neun Jahre alt – schon relativ ausgeprägt und ich hab mir gerne einen Spaß daraus gemacht, die Angst der Menschen noch zu befeuern. Es lagen schließlich nach dem Schlachten stets einige Hühnerköpfe im Garten herum. Ich nahm mir gerne ein paar mit in mein Versteck auf der Garage und wenn die Menschentraube in unserer Einfahrt groß genug war, warf ich sie in die Menge und kommentierte das Ganze lauthals mit einigen pseudoafrikanischen Flüchen. Mein Bruder machte hier gerne mit. Er sprang gleichzeitig aus dem Gebüsch, mit den frisch gerupften Hühnerfedern bedeckt, rollte mit den Augen und rief laut: »Ningependa Kukuwana Angorati Puku Puku!« Der Effekt war in etwa der gleiche, wie wenn man eine Papiertüte am Flughafen zum Platzen bringt.

Plötzlich nehmen sich Menschen in den Arm, die sich sonst mit dem Arsch nicht anschauen. Das war unser Beitrag zur Völkerverständigung.

Die Angst der Leute vor meinem Papa zog sich noch bis spät in meine Pubertät hinein. Selbst meine späteren Freunde, die ihn sehr gut kannten und mochten, verfielen anfangs immer in eine Art Schockstarre, sobald er sich zu uns gesellte. Und das, obwohl er den wohl gutmütigsten Gesichtsausdruck der Welt hatte. Nur schienen das viele nicht zu erkennen. Das ist übrigens ein Phänomen: Viele Weiße scheinen tatsächlich Schwierigkeiten damit zu haben, Emotionen in den Gesichtern von afrikanischstämmigen Menschen zu erkennen und sie richtig zu deuten. Lachen und Weinen sind eindeutig, klar, aber es gibt durchaus vieles dazwischen und hier scheint es oft zu Fehlinterpretationen zu kommen. Wenn sich das Gesicht leicht aufhellt (gut, das ist jetzt äußerst ungeschickt formuliert), diese Vorstufe eines Grinsens, wenn die Härte einem minimal freundlicheren Ausdruck weicht, zum Beispiel. Das war der Gesichtsausdruck meines Vaters. Er war immer bereit, zu lächeln. Für meine Freunde, und wahrscheinlich auch für viele andere Puchheimer, kam das komplette Gegenteil rüber. »Dein Papa schaut so, als würde er gleich losschimpfen wollen«, hörte ich oft. Ich könnte mir vorstellen, dass viele deswegen leicht gehemmt waren. In Kombination mit Messer und Hammer auch verständlich. Allerdings hat sich die Stimmung generell immer erst so richtig gelöst, wenn meine Mama sich dazugesellte. Dann ging ein erleichtertes Aufatmen durch die Leute. »Mei, Frau Blumhoff, grüß Gott. Jetzt wollt ma grad zu Ihrem reizenden Mann gehen, a bissl was von dem guten Fleisch einkaufen. Aber wenn S' scho da sind, kaufen wir's direkt bei Eana.«

6. Kapitel

Dreierbande

Was auch immer geschah und geschieht, meine Familie ist unzertrennlich. Ich glaube, unser Zusammenhalt ist mit südländischen Sippen vergleichbar, wie in Sizilien oder auf einer griechischen Insel. Das Verhältnis zu meinen Geschwistern ist sagenhaft und wir haben uns gegenseitig geprägt, besonders was den Humor betrifft. Wilson, mein Bruder, war schon immer für jeden Schabernack zu haben, je wahnsinniger der Spaß, umso lieber mag er ihn.

Die Gefahr bei einer Dreierkonstellation ist natürlich immer, dass sie im Falle einer Zweierkoalition zu einem Ungleichgewicht führt. Da meine Schwester Nancy und ich nur ein Jahr auseinander lagen, haben wir uns meist verbündet, wenn Wilson uns ärgerte. Und das konnte in den Jahren zwischen vier und zehn so gut wie alles sein.

Es gibt keinen schwammigeren Begriff als den des »Ärgerns« aus dem Mund eines Kindes. Der Wortschatz ist noch nicht so ausgeprägt, daher verwendet man manche Worte für vieles. Wenn man jemanden ärgerte. Wenn man sich selbst ärgerte. Wenn man nicht bekam, was man wollte. »Der ärgert uns!« Manchmal musste mein Bruder nur seine Nasenflügel nach oben und gleichzeitig seine Mundwinkel nach unten ziehen, um uns Kleinen in wahnsinniges Geschrei und Geheule zu versetzen. Es war, unter uns, ein anerkanntes Symbol dafür, dass man stinkt oder gar eine Windel benötigte.

Manchmal wurde der Blick auch noch von dem Zweizeiler flankiert, der Tradition der großen deutschen Reimkunst folgend: »A mode mide mode Made, Arsch mit Schokolade.« Doch schon bald war der Reim nicht mehr vonnöten und der Blick genügte eben. Meine Eltern konnten kein Fehlverhalten meines Bruders feststellen und wunderten sich, warum Nancy und ich auf einmal durchdrehten. »Der Wilson ärgert uns!«

»Ärgern« konnte aber auch bedeuten, dass man einen Ameisenhaufen ausfindig machte und die einzelnen Ameisen, nachdem man sie aufscheuchte, mithilfe der Sonne und einer Lupe auf widerliche Art und Weise verbrennen ließ. Das bezeichnen Kinder auch salopp als »ärgern«, sodass andere Kinder entsetzt fragten: »Warum ärgerst du die Ameisen?« Also hieß ärgern auch in manchen Fällen »umbringen«. Das geht allerdings zu weit, denn ich finde, zwischen einer gerümpften Nase und dem Völkermord an einer Ameisenkolonie sollten sprachlich klarere Grenzen gezogen werden.

Hänseleien unter Kindern sind nichts Ungewöhnliches und wenn ich mal zu frech wurde, schlug sich meine Schwester kurzfristig auf die Seite meines Bruders und bildete eine GroKo – allerdings: Wenn es hart auf hart kam, hielten wir drei immer zusammen.

Als ich so circa sechs Jahre alt war, machten wir uns zu dritt auf zur großen BMX-Bahn in der Nähe des Volksfestplatzes in Puchheim. Genauer gesagt machte mein Bruder sich dahin auf, er wollte sein Fahrrad auf seine Offroad-Qualität testen, durfte das aber nur unter der Voraussetzung, dass er seine kleinen Geschwister mitnahm.

Das hieß für ihn, er musste sein Fahrrad schieben und unser schleppendes Tempo halten.

Meine Schwester war schon immer von der Ästhetik der Natur begeistert und folgte mit ihren Augen jedem Schmetterling, um dann anschließend die von ihm angeflogenen Blumen zu begutachten. Meinem Bruder lief die Zeit davon, wenn er noch vor Sonnenuntergang auf der Buckelpiste sein wollte. Längst bereute er es, uns mitgenommen zu haben. Und auch ich ließ mich nicht lumpen, als ich seine Ungeduld bemerkte. Auf dem Weg befand sich eine Brücke, die über den Ascherbach führte und mein Interesse geweckt hatte. Ich weiß nicht, wieso, aber ich sprintete unentwegt hin und zurück über diese Brücke und stoppte mit meiner Digitaluhr die Zeit, die ich zur Überquerung brauchte. Mir fiel irgendwann auf, dass ich gar keine moderne Digitaluhr besaß, deshalb zählte ich die Zeit einfach im Kopf mit. Von eins bis zehn, um zu sehen, wie lang ich brauchte. Da fiel mir ein, dass ich nur bis drei zählen konnte, und so zählte ich von eins bis drei. Da die Strecke nur sehr kurz war, konnte ich nur die beiden Worte »eins« und »zwei« in voller Länge aussprechen, bei »drei« war ich bereits am Ende der Brücke angelangt: »Eins, zwei, dr...« Beim zweiten Anlauf war ich schneller und schon bei »zwei« am »Zielpunkt« meiner Spielpiste. Da kam mein nervlich bereits ziemlich mitgenommener Bruder angerannt. Ich tat so, als hätte ich seinen vorwurfsvollen Blick nicht bemerkt, und zählte weiterhin mit leiser Stimme meine Schritte. Wilson zog eine Nylonschnur aus seiner »Überlebenstasche«, die übrigens jeder coole präpubertäre Junge zu der Zeit besaß. Darin befanden sich vier Streichhölzer, das erste Taschenmesser, ein Stück Nylonschnur und ein Kompass.

Die Schnur spannte er über die Brücke und er erklärte mir, dass das jetzt eine Grenze sei, und wenn ich da drüberginge, müsste ich bis in alle Ewigkeit auf der anderen Seite bleiben.

Er würde mit Nancy ohne mich weitergehen. Das wollte ich natürlich nicht, also gab ich mein Rennen auf, merkte mir meine Bestzeit, »zwe...«, und folgte artig meinem Bruder.

Leider nur bis zu meiner Schwester. Die saß noch immer auf einer Blumenwiese und sie erklärte mir, ich müsse jetzt mit ihr ein vierblättriges Kleeblatt suchen, weil das Glück brachte. Wir suchten fleißig zwischen den Grashalmen nach jenem Talisman, während mein Bruder verzweifelte. Dann hatte er jedoch einen genialen Geistesblitz.

»Nancy, Simon, habt ihr Lust, jemanden zu ärgern?«

Das hörte sich verlockend an. »Wir machen einen Klingelstreich. Ich klingle jetzt hier gegenüber und dann laufen wir ganz schnell weg. Ihr mir hinterher.«

Damit hatte er uns »im Boot«. Erwachsene ärgern und schnell rennen. Das war nach meinem Geschmack. Endlich konnte ich ein für alle Mal klarstellen, dass ich schneller war als meine Schwester, und mir zusätzlich etwas Nervenkitzel abholen. Mein Bruder ging zum Gartentürchen des erstbesten Hauses und legte seinen Finger auf die Klingel. »Bereit?«, rief er uns mit dünner Stimme zu. Ich glaub, ich war noch nie so nervös, doch ich nickte. Mein Bruder klingelte, schrie »Los!«, schwang sich auf sein Rad und trat in die Pedale. Nancy ließ sich einfach in die Wiese fallen, sie dachte wohl, man sähe sie dann nicht mehr. Was soll das denn jetzt, dachte ich, der ganze Plan ist im Eimer. Ich wusste nicht, wohin, und sah schon, wie sich ein Schatten hinter der Haustür regte. Jetzt hatte ich Panik. Ich rannte los, schneller als ich je gerannt bin. Aber in die falsche Richtung, nicht meinem Bruder hinterher, sondern in Richtung Brücke. Sobald ich die Brücke betreten hatte, fing ich logischerweise an zu zählen, das würde meine Bestzeit werden. »Eins, z...«, zack!

Plötzlich wirbelte ich durch die Luft und sah den Himmel über mir. Ich sag mal, die Grenze war dicht. Das Nylon hielt. Als ich so ungebremst auf den Rücken knallte, schien es mir die komplette Luft aus den Lungen zu pressen. Die restliche Luft, die noch zwischen Gaumensegel und Luftröhre vorhanden war, reichte nicht aus, um einen anständigen Schrei zu vollziehen. Ich lag also da, nach Luft schnappend, und sah unser Klingelstreichopfer wütenden Schrittes auf mich zukommen. Das Versteck meiner Schwester war tatsächlich klug gewählt, der Mann sah sie nicht. Als hätte sie geahnt, dass ich mit einer Salto-Paukenschlag-Kombi auf mich aufmerksam machen würde. Und ich lag wehrlos am Boden und wartete auf das Donnerwetter. Der Mann hatte einen hochroten Kopf, als hätte er schon eine geraume Zeit die Luft angehalten.

Doch die Rettung nahte: Kurz bevor er mich zu fassen bekam, sprang meine Schwester aus ihrem »Versteck« und schrie um Hilfe. »Der Mann hat mich in den Dreck geschubst!« Und ja, sie konnte auf Befehl weinen. Und das tat sie auch. Zwar befand sich niemand in unmittelbarer Nähe auf der Straße, aber der krebsrote Wutbürger blickte sich verunsichert um. Die ersten Nachbarn traten an ihre Fenster. Gerade wollte er sich rechtfertigen, als aus seinem Haus ein schrilles Kreischen zu hören war. Er rannte natürlich sofort hin und während seine Frau ihm klarmachte, dass jemand den Gartenschlauch ins Küchenfenster gesteckt und das Wasser aufgedreht hatte, kam mein Bruder frech grinsend aus dem Gebüsch hervorgekrochen. »Nix wie weg hier«, sagte er und nahm meine Schwester an die Hand. »Gerade noch mal Glück gehabt!« Da öffnete meine Schwester ihre Hand – und ein vierblättriges Kleeblatt kam zum Vorschein.

7. Kapitel

Obacht, der is schnell!

Mein Vater war zeitlebens Fußballfan und trug damit noch mehr zu unserer Andersartigkeit bei. Um das zu erklären, muss ich etwas weiter ausholen. Er war nicht einfach FC-Bayern-Fan, er war Sechzger-Fan – TSV 1860 München. Man kann sich das ohnehin knifflige Leben als Afrikaner im Münchner Umland auch noch schwieriger machen, als es sowieso schon ist. Es wäre auch arg trivial, Bayern-Fan zu sein, um am Ende eines Spieltages ganz entspannt mit dem Rest der Gemeinde ein gemeinsames Thema zu haben.

Ein kurzes »Sauber gspuit hams!« über den Zaun hier, ein »Auf die Roten!« im Biergarten dort. Dazugehören eben. Aber nein, die Bayern mochte Papa nicht. Und ich und meine Geschwister durften das somit auch nicht. Heute bin ich froh, dass er mich eines Samstags mit ins Stadion genommen hat. Es war mein erster Ausflug in die Stadt. Ich war aufgeregt und glücklich. Nur Papa und ich. Ich wäre von allem Fan geworden, was wir uns angeschaut hätten. Die S-Bahn-Fahrt von Puchheim zum Rosenheimer Platz, einem zentralen Punkt in der Münchner Innenstadt, verlief noch relativ unspektakulär. In der Trambahn zum Fußballstadion war auf einmal alles in Weiß-Blau getränkt. Ich konnte es nicht fassen. Es gab außer uns noch andere Männer, die Sechzger-Mützen auf dem Kopf trugen. Und viel mehr als das. Ein Großteil präsentierte seine Zuneigung zu dem Verein nicht nur auf dem Kopf. Trikots, Schals, Aufnäher auf den speckigen Jeanswesten, Joggingjacken – jedes Kleidungsstück konnte als Darstellungsobjekt wirken. Wo nahmen die Leute all das Geld für die ganzen modischen Accessoires her? Meine Schlussfolgerung war, dass einige von ihnen es sich wohl ansparten, indem sie auf Zahnpflegeprodukte verzichteten.

Der süßsaure Geruch in der Straßenbahn erinnerte mich schwer an den Geruch in unserem Auto, wenn wir leere Bierkästen zum Supermarkt fuhren. Ich wunderte mich über das Aroma in der Luft, weil ich nirgends Bierkästen sah. Egal. Das Wichtigste war: Wir gehörten dazu und waren mittendrin.

»Toni, schau amoi, da hamma zwoa Schwarzfahrer«, rülpste ein Mitfahrer, der eine Art Rock aus Schals unter seiner Jeansweste trug, über meinen Kopf hinweg. Die Bierkästen mussten ganz in der Nähe sein, das konnte ich deutlich riechen. »Was sind denn Schwarzfahrer?«, fragte ich meinen Papa. »Diese Mann hat ein slechte Witz gemacht. Er meint uns«, sagte er knapp, »und des is a Rien-vieh«, und er zeigte auf den betrunkenen Fan.

Viel Bayrisch konnte er nicht und sein Akzent war deutlich zu hören, aber dieser kleine Satz schien Eindruck hinterlassen zu haben. Mein Vater konnte manche deutsche Wörter nicht richtig aussprechen, was mich und meine Geschwister immer sehr amüsierte. In dem Fall war es aber nicht ungefährlich, einen angetrunkenen Fußballfan als »Rindvieh« zu bezeichnen. Die Augen des Schwarzfahrerrülpsers weiteten sich, er holte tief Luft und musterte meinen Papa, bis er mit den Augen an seiner Mütze hängen blieb. Eine gewisse Spannung hing in der beißenden Luft. »I glaabs ned, a Neger, a Bayer und a Löwe! Des san ja drei Wünsche auf oamoi! Du bist da Wahnsinn! AUF DIE LÖWEN!«

Er machte einen Satz nach vorne und fiel meinem Vater, mit seinem fast zahnlosen Grinsen, um den Hals.

»AUF DIE LÖWEN!«, schallte es vom Rest der Trambahn-Insassen zurück. »Au die Löwää!«, schrie auch Papa und plötzlich hatten sich alle unglaublich gern. Ja, wir gehörten dazu. Dass die Sechziger »Löwen« genannt wurden, was viel cooler klang und auch viel besser zu unserer afrikanischen Herkunft passte, war mir bis dahin noch nicht bewusst. Als ich dann im Stadion zu meiner Wurst auch noch eine Cola trinken durfte, war mir endgültig klar, dass ich Fan bin. Der 2:0-Sieg gegen Augsburg war nur das i-Tüpfelchen, wobei mehr für meinen Papa als für mich. Für mich war der gesamte Tag ein Freudenfest! Jeder Augenblick ein Genuss, der in mir Euphorie und Adrenalinschübe auslöste. Ich hatte einen tollen Papa, einen großartigen Ausflug und einen Lieblingsverein. Anschließend ging's wieder zurück nach Puchheim. Als frischgebackener Sechzger-Fan!

Und ich hatte einen Plan. Ich wollte auch Fußballspieler werden. In einer Mannschaft spielen. Wie sich die Spieler in den Armen lagen, wie die Fans sie gleichermaßen bejubelten! Das wollte ich auch haben. Das körperliche Rüstzeug brachte ich mit. Ich konnte laufen und den Ball beim Spielen im Garten einigermaßen gut zwischen Apfel- und Birnbaum durchbolzen. Also war es an der Zeit, mich im Fußballverein anzumelden. Die alten Schuhe von meinem Bruder mussten für den Anfang reichen. Damals waren Fußballschuhe auch noch einfach schwarz und somit hätte es eh keine gelungenere Auswahl gegeben. Besser riechend vielleicht. Und ohne Löcher. Und in meiner Schuhgröße.

Aber man will nicht schon vor Beginn der Karriere als Diva dastehen. Also akzeptierte ich die Schuhauswahl, wobei ich mir vorsichtshalber erst noch bei meinen Eltern das Versprechen abholte, eigene Schuhe zu bekommen, wenn der Vereinssport mir denn Spaß bereitete.

Papa fuhr mit mir zum Trainingsgelände. Ein bisschen aufgeregt war ich schon, aber immer noch frohen Mutes. Bis wir am Platz ankamen. Ich wusste, dass es Fußballfans gab und dass die auch mal pöbelten, aber dass die beim Training von Jugendmannschaften zuschauten und dort genauso viel pöbelten und wohl auch ebenso viel Bier tranken wie im Stadion, überraschte mich doch schwer. Druck, Angst, Fluchtreflex. Das war zu viel für meine Kinderseele. Ich wollte weg.

»Ah, sehr gut, an Neger hamma no ned«, sagte ein rotäugiger »Fan«, der offensichtlich Probleme mit seinem Gleichgewicht hatte und die ganze Zeit hin und her schwankte. Entweder war er betrunken oder er absolvierte irgendwelche obskuren Balance-Übungen. »Wir sind sogar zwei«, sagte ich, »und du bist a Rindvieh. Auf die Löwen!«

»Owei, a Sechzger und vorlaut, des hamma gern!« Mein »Auf die Löwen!« hatte leider nicht den gleichen Effekt wie bei den Fans in der Trambahn.

Mein Vater blickte zwar stolz auf mich herab, aber beim Rest der Anwesenden kam das nicht so gut an. Hier war Sechzger oder Löwe auf einmal eine Beleidigung. Hier waren eben alle Bayern-Fans. Und das hieß für mich: noch weniger dazugehören, noch mehr Grund für Hänseleien, viel Häme und eine frühe Idee der buddhistischen Lehre. Leben ist Leiden. Oder in meinem Fall: »Löwen ist Leiden«.

Von meiner Zugehörigkeit zu einer Fußballmannschaft hatte ich mir viel erwartet. Zusammenhalt, Teamgeist, Respekt. Ich war schnell und einigermaßen kicken konnte ich, wie gesagt, auch. Damals war das Ansehen afrikanischer Fußballer nur leider nicht so hoch. Doch nach ein paar Jahren wurde ich erlöst. In eine neue Sphäre gehoben. Ohne mein Zutun. Es lag einzig und allein an einem jungen afrikanischen Fußballer, der sein Geld bei Eintracht Frankfurt verdiente. Augustine Jay-Jay Okocha.

Sofort schießen jedem fußballaffinen Menschen zwei Szenen in den Kopf. Highlights für die Ewigkeit. Immer wieder ein Genuss. Einfach schön anzuschauen. Für mich aber bedeutete es mehr als diese zwei Sternstunden: Mehr als nur Oliver Kahn, der im Karlsruher Wildparkstadion nahezu transparent durch den Strafraum irrte und flog und wieder aufstand und zuckte und weiterirrte und flog. Keine Zeit für Bisse, keine Zeit für Kung-Fu-Tritte, keine Zeit für wilde Rufe. Kein Titan weit und breit. Nur wehendes weißblondes Haar, das ebenso oft die Richtung änderte wie der ferngesteuerte Körper unter ihm, und ein Blick, der flehend sagte: »Tu es! Schieß doch endlich! Bring es zu Ende!« Und dann endlich Stille. Da lagen sie. Der Ball im Netz, Kahn und vier Karlsruher Verteidiger in dankbarer Verbeugung auf dem Rasen. Es war vorbei. Sie haben es überstanden.

Für mich war es auch mehr als nur Sven Kmetsch, dem am 20. Februar 1993 in Dresden Ähnliches widerfuhr wie Oliver Kahn. Auch er wurde unsterblich und für alle Ewigkeit in sämtliche DSF-Highlight-Tapes der Bundesliga eingebettet. Nicht als Hauptdarsteller, nein. Der gute Sven wollte einfach nur mitspielen. Erste Liga, bei den ganz Großen eben. Bedauerlicherweise war er an diesem kalten Samstagnachmittag im Rudolf-Harbig-Stadion – sagen wir – zur falschen Zeit am falschen Ort. Allein gelassen mit dem falschen Gegenspieler, dem falschen Schuhwerk, den falschen Skills, irgendwo da draußen an der Außenlinie. Sven Kmetsch, erst

Dynamo Dresden, später mit Schalke DFB-Pokal-Sieger, ja sogar zweifacher deutscher Nationalspieler. Ein Edelkomparse, der den zu verteidigenden Ball zehn Minuten vor Spielschluss noch im Rasen suchte, während dieser schon wie durch Zauberhand, oder Zauberfuß in diesem Fall, über seinen von Vokuhila-Haar gesäumten Nacken schwebte.

Nein, für mich war und ist es mehr als ein Tanz in Karlsruhe oder ein Zaubertrick in Dresden. Als Jay-Jay Okocha dies alles vollbrachte, begann für mich eine neue Phase. Als Mensch, als farbiger Junge in Puchheim und eben als Fußballer. Um das zu erklären, muss ich etwas weiter ausholen. Eine Fähigkeit, die Okocha übrigens auch perfektionierte.

Auf dem Rasen war ich wohl das komplette Gegenteil von Okocha. Ich war Fußballer, so viel hatten wir gemein. Ich wurde sogar mal E-Jugend-Meister! Diesen Titel habe ich ihm also voraus. Zu der Zeit hießen die afrikanischen Fußballer in der Bundesliga noch ... sie hießen gar nicht. Es gab sie nicht. Zumindest noch nicht so, dass man von »ihnen« hätte reden können. Und während Anthony Baffoe sich gezwungen sah, so manchen Gegenspieler auf seine »Plantage« einzuladen, begrüßte man Souleymane Sané mit Sprechchören wie »Husch, husch, Neger in den Busch!«.

Beim FC Puchheim spielte ich in der Anfangszeit den sogenannten Ausputzer. Abwehrspieler. Simon der Libero quasi. Ich war ja schnell, ziemlich schnell. Und ich konnte den Ball hervorragend wegschlagen. Wenn jemand »Klare Sache!« oder »Löschen!« rief, konnte nur ich gemeint sein. Hoch und weit, das war mein Stil. Dafür gab's dann Schnitzel mit Pommes und anerkennendes Klatschen vom Trainer. Das war alles, was von mir erwartet wurde: Geschwindigkeit und Kraft in den Schenkeln. Schon vor Spielbeginn hieß es vom gegnerischen Trainer: »Obacht, der is schnell!« Ja, schnell war ich ... und ja, natürlich wegen der täglichen Antilopenjagd auf dem Marienplatz.

Leider haben sich meine Wachstumsfugen ziemlich genau mit dem Gewinn jener E-Jugend-Meisterschaft dazu entschieden, sich zu verschließen. Das Spielfeld wurde größer, die Gegner auch, meine Schuh- und Trikotgröße und vor allem meine Technik blieben jedoch weitestgehend gleich. So wurde ich bestenfalls ins Mittelfeld beordert, meistens aber auf der Bank geparkt. »Der is nur schnell, stell an Körper hinein!«, hieß es plötzlich. Meine Teamkollegen konnten mittlerweile Tricks und den Ball hochhalten. Mehr als dreimal. Ich habe mir genau einen Trick abgeschaut, der sich mit meinen mannigfaltigen Fähigkeiten am Ball kombinieren ließ. Abgeschaut vom rechten Mittelfeldspieler meines frisch gewonnenen Lieblingsvereins TSV 1860 München: Armin Störzenhofecker – ein Name wie Augustine Azuka Okocha. Fast. Links vorbeilegen, rechts vorbeigehen, sprinten. Schnell. Das war's. Das war mein Trick.

Genauso wie Okocha fünf Jahre später an Sven Kmetsch vorbeiging. Fast. Nur die Hacke fehlte. Okay, und der perfekte Bogen des Balles über den Körper des in Trance gefallenen Verteidigers. Ohne Hände. Ohne Spielstopp. Einfach so. Ein Moment vollkommener Virtuosität. Der Versuch allein hätte bei Sven Kmetsch schon zu heftigem Nasenbluten geführt, die Durchführung zu Schien- und Wadenbeinbrüchen. Mein Trick à la Armin hingegen endete meist im Brustbereich des Gegners, im Toraus oder im Fuß des gegnerischen Liberos, der schließlich wusste: »Stell an Körper hinein!«

Dann kam das Jahr 1993 und mit ihm Kahn und Kmetsch und alles, ja, alles änderte sich. Die Gegner steckten plötzlich die Köpfe zusammen, wenn ich mit meiner Mannschaft das Feld betrat. Plötzlich schmorte ich auch nicht mehr auf der Bank:

»Simon, spielst lieber rechts außen oder hängend?«

Ich habe den »Okocha« nie gelernt. Musste ich auch nicht. Ich *war* jetzt ein Okocha: »Obacht, der is schnell! Und pass auf, der macht gleich einen Trick, langsam angreifen!« Sie hatten es gesehen. Sie spürten sie – die Angst vor afrikanischen Fußballern, die Angst vor der Demütigung, ausgetanzt zu werden. Plötzlich war ich technisch versiert, pfeilschnell und hatte eine Schusskraft wie der Kampfpanzer Leopard 2. Ich war nicht mehr nur der *Bob Marley,* ich war nicht mehr nur die *Schwarze Perle,* ich war nun der *Achtung, der kann an Trick!*. Dem Vorurteil sei Dank!

8. Kapitel

Klassenkampf

Neben dem Sport im Verein hat man als Heranwachsender auch seine Schulklasse, um erste Kontakte zu knüpfen. Eine solche Grundschulklasse ist aus sozialer Sicht ein äußerst oberflächliches Gebilde. Gerade in der Anfangszeit bestimmt sich der soziale Status und somit auch die Anzahl der Freunde durch drei Faktoren:

Erstens: Öffentliches Auftreten. Das heißt, ob man coole Klamotten trägt oder nicht. Da fiel ich schon mal durchs Raster, weil ich, ähnlich wie bei den Fußballschuhen, gerne die Sachen meines Bruders und/oder meiner Schwester auftragen durfte. Zusätzlich sah ich eben einfach anders aus. Auch Kinder können Fremden gegenüber äußerst misstrauisch sein.

Zweitens: Das Süßigkeitenarsenal. Vor allem die Ausstattung der Schultüte. Auch hier landete ich mit meinem Trockenobst, Studentenfutter und meinen geliebten Äpfeln auf den hinteren Rängen.

Und erst später kann man durch Social Skills punkten. Dem dritten Faktor: Hier entscheidet, wie lustig man ist und wie gut man im Sport abschneidet. Das war die einzige Kategorie, in der ich mir Chancen ausrechnete, aber bis die zum Tragen kam, musste ich erst meine durch Faktor eins und zwei entstandenen Rückstände aufholen. Somit war ich in den ersten Wochen meines Schülerdaseins relativ weit am Rande der Gesellschaft und des Klassenzimmers angesiedelt.

Ich saß in der letzten Reihe und hatte genau einen Freund. Axel. Er kam als Letzter in die erste Stunde und musste sich neben mich setzen, da das der einzig freie Platz war. Was Besseres hätte uns beiden nicht passieren können. Wir merkten bald, dass wir einen ähnlichen Sinn für Humor hatten, er getrocknete Pfirsiche liebte und die Schokoriegel, die ihm seine Mutter stets mitgab, verschmähte. Eine klassische Win-win-Situation.

Ein Mitschüler, Maximilian, der schon früh gelernt hatte, dass man sich Sympathien auch kaufen konnte, veranstaltete Mitte des ersten Schuljahres eine Party zu seinem Geburtstag. Und er lud die komplette Klasse ein. Alle Kinder ... und mich! So stand das auch auf der Einladung: »Hiermit lade ich die komplette Klasse 1b (und auch den Simon) zu meinem Geburtstag ein. Bitte zieht saubere Kleidung an, weil meine Mama geputzt haben wird (Simon!).«

Da war ich dann das erste Mal so richtig bei Weißen zu Hause ... wow! Endlich begriff ich, was mit »Das Weiße Haus« gemeint war. Die hatten einen regelrechten Palast. Wir hatten auch ein großes Haus, aber das vom Maximilian war so ... sauber und strukturiert. Und es herrschte eine Ruhe und eine Ordnung, die auf mich fast schon beängstigend wirkte. Kein Schmutz, keine Schreie, keine Seele: entschleunigt, wie man heute sagen würde. Da wurde nicht rumgebrüllt oder Hektik verbreitet wie bei uns. Nein, hier lief alles maximal in Zimmerlautstärke ab.

Ich schritt mit großen Augen über die Türschwelle und sogleich kam mir die Mama vom Maximilian entgegen. »Simon, zieh bitte die Schuhe aus«, sagte sie höflich, aber bestimmt. »Wir haben Gästepantoffeln für jeden Besucher.«

Gästepantoffeln!

Ich teilte mir meine Schuhe mit meinen Geschwistern, je nach Anlass. Zum Abi musste ich die High Heels meiner Schwester anziehen, weil die schicken Schuhe meines Bruders einfach zu groß waren und ich da auch nicht mit eingelegten Socken tricksen konnte. Ich zog mir also diese Gästepantoffeln an und betrachtete ehrfürchtig dieses Museum aus Sagrotanien. Bloß nichts berühren, dachte ich mir.

Wahnsinn, war das alles aufgeräumt und geordnet bei denen! Da war es steriler als in jedem Operationssaal. Außerdem bestand das gesamte Familienkonzept gewissermaßen aus Ritualen. Die Hausschuhe waren erst der Anfang. Jeder bekam einen bunten Plastikbecher mit einem freien Feld, in das man mit einem bestimmten Stift seinen Namen eintragen musste. Es gab Apfelsaft (aus dem Supermarkt natürlich), Himbeersirup mit Wasser, Fanta und Sprite. Gelbe und weiße Limo, wie ich zu sagen pflegte. Als alle Kinder anwesend und mit Getränken versorgt waren, wurden wir gemeinsam zum Geschenketisch geführt. Ein Geschenketisch ist die geschmückte Variante eines Kindertisches. Etwas größer und voller Geschenke! So etwas hatte ich noch nie gesehen. Auf dem Tisch lagen tatsächlich all seine Geschenke! Also, ich meine: *alle* Geschenke! Ungefähr zwanzig Päckchen, schön in Geschenkpapier eingewickelt und mit Schleifen verziert. Neben dem offiziellen Geschenketisch stand ein etwas kleinerer Beistelltisch, auf dem die Mitbringsel von Maximilians Freunden lagen. Auf dem großen Gabentisch war auch kein Millimeter Platz mehr. Ich überlegte, wo ich mein Geschenk hinlegen sollte, da fiel mir ein, dass ich gar keines dabeihatte, was mir auch ein bisschen peinlich war.

In unserer Familie war man der Meinung, dass Geschenke unwichtig und Ausdruck von Kapitalismus und Dekadenz seien. Mein erstes Geschenk bekam ich mit sieben Jahren. Das war im Jahre 1988, da durfte ich mir zum ersten Mal etwas wünschen und weil gerade die Fußball-EM stattfand, wollte ich unbedingt ein Panini-Album haben, weil alle in der Schule schon eifrig Bildchen dafür tauschten. Mein Vater verstand das anfangs nicht so richtig und brachte mir ein DIN-A4-Schulheft. Blanko. Das gab er mir gemeinsam mit drei Buntstiften und sagte: »Da kanns du deine Lieblings-Spiler reinmalen, Sohn. Happy birthday.« Das war absolut fürsorglich und liebevoll von ihm gemeint, hat mich aber nicht überzeugt.

Er zog noch mal los und kam mit einem Fußballsammelalbum samt fünf Stickern zurück, davon zwei von Klaus Augenthaler. Es war aber kein Panini-Album, sondern ein Ferrero-Album, das man für siebzig Pfennig im Supermarkt kaufen konnte. Und die Sammelbildchen stammten aus Duplo- und Hanuta-Packungen! Die Spielergebnisse konnte man mit Kuli in dafür vorgesehene Tabellen eintragen. Ich hab das natürlich am Anfang nicht gecheckt und mich gewundert, dass die Panini-Bildchen ein ganz anderes Format hatten und keiner mit mir tauschen wollte.

Das ist ein typisches Beispiel für meinen Werdegang: immer nah dran und dann doch daneben. Wenn ich Kinderschokolade wollte, bekam ich Schokolade für Kinder aus dem Reformhaus. Wenn ich eine schwarze Adidas-Trainingsjacke haben wollte, bekam ich eine dunkelblaue Regenjacke von Woolworth, eingetragen von meinem Bruder.

Der Maximilian hatte ein Klemmbrett, um seinen Wunschzettel abzugleichen. (Weil er schon immer gern plante, wurde er später auch Logistiker.) Jedenfalls – und das ist mein voller *Ernst* – öffnete er die Päckchen vor unseren Augen und ging jeden einzelnen Posten durch! Posten eins vorhanden. Zack, Häkchen daneben. Wunsch erfüllt. Gut gemacht, liebe Eltern. Brav. Ich hatte die Befürchtung, dass sie ein einziges Geschenk vergessen hatten und er völlig durchdreht und herumheult wie ein Kleinkind, aber auch sie scheinen toporganisiert gewesen zu sein, sodass das nie im Leben hätte passieren können. Aber er verstand es, die Spannung diesbezüglich zu steigern.

Doch noch waren nicht alle Geschenke ausgepackt. Und da kam schon der kritische Augenblick. Zwischen zwei Häkchen rief er nämlich plötzlich: »Mama, Papa, kommt ihr bitte mal?« Demütig trabten die Eltern Arm in Arm daher. Zitternd. An dieser Stelle hätte die schrille Geigenmusik von Hitchcocks »Psycho« gut gepasst. Wir Kinder verfolgten das Geschehen mit offenen Augen und Mündern.

»Was ist denn mit der Oma? Schenkt die mir heuer nichts?«

»Äh, die Oma ist doch im Krankenhaus, wegen ihrem Herzen.«

»Aha. Und Geschenk konnte sie mir keines mehr besorgen?«

»Nein, also, das … äh …«

»Dann überleg ich mir fei, ob ich auf ihrer Beerdigung für sie sing.«

»Haha, also, Maximilian, das ist hoffentlich noch nicht so bald nötig.«

»Papa, wenn du schon mal da bist«, sagte Maximilian und deutete auf eines der ausgepackten Geschenke, das offenbar nicht auf seiner Liste stand und somit ein unverlangt dargereichtes Präsent war. »Was ist das?!«

»Schau's dir halt mal richtig an! Das ist eine Ritterburg von Lego!«

»Mmhmm ... aha. Eine Ritterburg soll das also sein? Kommst du mal bitte her, Papa? Noch näher. Schau mal, was da steht?«

»Äh, wo?«

»DORT!«

Maximilian kreischte fast.

»Äh, da steht, äh, also: Lego. Und drunter steht. Oh! Piratenschiff!«

»Merkt ihr selber, ne?!«

»Huiuiui, da haben wir wohl nicht genau aufgepasst.«

»Das glaub ich auch. Ihr müsst es leider umtauschen, das Piratenschiff wollte ich nicht. Ich habe klar und deutlich *Ritterburg* auf den Wunschzettel geschrieben.« – »Bitte entschuldige, Maximilian, natürlich, wir werden es gleich morgen umtauschen beim Obletter, wir haben glücklicherweise den Beleg aufgehoben.«

»Morgen? Ich hab *heute* Geburtstag!«

»Oh, ja, stimmt, hahaha.«

Maximilian hatte sofort die adäquate Lösung parat.

»Der Papa kann in die Stadt fahren und es umtauschen, während wir anderen mit der Mama zum Essen gehen. Meine Gäste sind vermutlich bereits sehr hungrig.«

Die Eltern taten wie geheißen. Der Vater machte sich mit der S-Bahn und dem Geschenk unterm Arm auf in die Stadt, während die Mutter uns Kinder in zwei Etappen mit dem Familien-Van zu McDonald's kutschierte, wo bereits ein fröhlicher Ronald McDonald mit einer bunten Palette Hamburger, Cheeseburger, Happy Meals und Chicken McNuggets auf uns wartete. Maximilian saß am Kopf des Tisches und blickte stolz auf sein ihm treu ergebenes Volk herab, das ihm wohlgenährt huldigte. Eine weitere Periode der Beliebtheit hatte er sich soeben erkauft.

9. Kapitel

Ein Junkfood kommt mir nicht ins Haus

Ich war vorher nie bei McDonald's gewesen. Wenn wir unsere Mama fragten, hieß es: »Na, na, na. Du werst scho so a Prolet sei, a Junkfood kommt ma ned ins Haus. So was macht man außerdem wenn, dann selber!«

Ja. Burger grillen mit der Mama. Das klingt allerdings romantischer, als es ist. Bei meiner Mutter hießen Burger nämlich nicht Burger, sondern Fleischpflanzerl. Das klingt schon nach hartem Stuhl! Als Kind weiß man noch nicht, dass die Ablehnung solcher Fastfoodketten ein Segen ist. Als Kind mag man das Essen gerne geschmacksverstärkerdurchflutet, mit dicken Soßen garniert und optisch so, wie man es aus dem Fernsehen kennt. Und in meinem Fall auch fleischreich. Die Fleischpflanzerl wären mir eigentlich sehr willkommen gewesen.

Es war schon eine sehr spezielle Art der Zubereitung, die mit einem Burger, wie man ihn im Kopf hat, herzlich wenig gemein hatte. Wer nachkochen will, hier das Rezept zum Mitschreiben:

2 Kilo Hackfleisch
2 Eier
1 Pfund Butter
3 Kilo Zwiebeln
1 Bund Petersilie
Salz

Zubereitung: Das Fleisch in einen Topf schmeißen und die Zwiebel dazugeben. Die muss man gar nicht lange klein schneiden, es reicht, wenn man sie grob viertelt. Ein Ei, Pfeffer und Salz und die gezupfte Petersilie reinwerfen und alle Zutaten miteinander vermengen. Währenddessen wird die Pfanne mit der Butter auf zweihundert Grad hochgeheizt. »Bis die Pfanne einen anschreit«, war die Faustregel. Also: *Brutzel, zisch, Blasen werf!* Aus der Hackfleischmelange werden dann riesige Batzen geformt. Batzen, aus denen die Zwiebelstücke raushängen (wie bei einem Menschen, der aus dem dritten Stock eines Hauses gestürzt ist und dessen Oberarmknochen aus dem Fleisch ragt). Diese Monster wirft man dann in die zweihundert Grad heiße Höllenglut. Wenn die Pflanzerl von beiden Seiten schön angeschwärzt sind, auf irgendein Brot draufklatschen. Auf IRGENDEIN BROT. Teilweise sogar auf Pumpernickel! Fertig ist der Pearce-Burger!

Deshalb war ich erstaunt, dass es bei McDonald's eigene Semmeln für die Burger gab. Burgerbrötchen. Die waren rund und genauso groß wie die angenehm dünnen Burger. Und darauf lag dann ein Käse, der genauso groß wie der Burger war, und darauf ein Salatblatt, das extra genauso groß gewachsen ist wie der Käse und der Burger. Oben liegt zur Krönung noch ein Burgerbrötchen. Das ganze Konstrukt war ganz schmal und elegant, fast wie Parmaschinken. Wenn man den Burger gegen die Sonne hielt, konnte man fast durchschauen. Die Fleischpflanzerl von meiner Mama sahen dagegen aus wie Elefantenfüße!

Das mit dem Käse fand ich ebenfalls eine super Idee. Als ich am Abend davon berichtete und mir für die nächste heimische Burger-Aktion wenigstens vernünftige Semmeln wünschte, bekam ich zwar welche, aber alte. Jene, die man eigentlich für Semmelknödel verwendete. Vom Vortag oder von vergangener Woche. Furztrocken und steinhart. Die wurden dann mit der Kettensäge aufgeschnitten, worauf dann der Elefantenfuß gelegt wurde. Und der Burger wurde noch riesiger! Man konnte das Ding nicht mal zusammendrücken. Ich wollte reinbeißen, aber es war stärker als ich! Und wenn man es dann geschafft hat, seinen Unterkiefer auszurenken und seine Hauer hineinzutreiben, dann hatte man als Belohnung diese harten Semmelsplitter im Zahnfleisch ... einfach eine Delikatesse.

Also verstehen Sie mich nicht falsch, meine Mama war eine hervorragende Köchin, nur manchmal servierte sie einfach vollkommen an den Bedürfnissen des einfachen Sohnes vorbei! Wenn ich, meist hungrig, von der Schule nach Hause kam, gab es drei mögliche Szenarien. Das häufigste: Papa hat gekocht. Im Idealfall afrikanisch. Erdnuss-Hühnersuppe, Hühnerkeulen in Chili-Erdnusspanade, mit Chilisoße und Reis, Rindfleisch, Kaninchen oder Fisch in scharfer Soße oder einen Eintopf aus Schwarzaugenbohnen. Gerne auch frittierte Kochbananen, Yamswurzel oder Maniok. Ich konnte das meist schon von der Straße aus riechen und flog dann quasi mit meinem Lätzchen um den Hals über die Terrasse direkt an den Esstisch. Einen Esstisch im ursprünglichen Sinne gab es bei uns eigentlich nicht. Der war halt der Wohnzimmertisch. Da wurde gespielt, getrunken, geratscht und auch gegessen. Man konnte aber auch an jedem anderen Tisch im Haus oder im Garten essen. Geschmeckt hat es überall.

Das zweite Szenario war, dass meine Mama zu Hause war. Dann waren die Gerichte ebenso bürgerlich und nicht minder gut. Das, meiner Meinung nach, immer noch beste Gulasch der Welt, mit Kartoffeln oder Nudeln, Schnitzel mit Kartoffelsalat (übrigens mit einem ähnlich hohen Zwiebelanteil wie die Fleischpflanzerl), Kartoffelsuppe mit Wienern und frischen Kräutern aus dem Garten, Hühnerkeulen mit Bohnen und Kartoffeln, Lasagne oder Nudeln mit Hackfleischsoße. Für die Jüngeren. Nudeln sind wie Pasta, klingt nur dickmachender. Da schlägt das Herz hoch oder der Magen. Also im positiven Sinne, nicht, dass es einem hochkommt.

Nicht selten jedoch waren weder Mama noch Papa zu Hause und wir mussten selber kochen. Oder ich hab mir eine Pizza bestellt. Pizza Express Gröbenzell. Ich musste nur anrufen und man wusste, was Sache ist:

»Pizza Express, grüß Gott.«

»Hallo, Pearce hier.«

»Ah, Simon, einmal Salami mit Chili und eine Salate für die Hasen? Zehn Minute!«

Es war so herrlich routiniert. Aber wie jedes Glück verging auch dies.

Mama kochte wirklich sehr gut, aber sie war, wie in den erwähnten modischen Belangen, auch beim Kochen offen für Neues. Sie war experimentierfreudig und betrieb keine Marktforschung, was der Kunde, also wir Kinder, denn so mögen könnten. Ich hab mich damals mit rein vegetarischen Gerichten nur anfreunden können, wenn als Beilage wenigstens Schnitzel oder Hühnchen serviert wurde. Auch hier war Mama zwanzig Jahre zu früh Trendsetter. Ich komme also ausgelaugt von einem harten Fast-fünf-Stunden-Tag in der Schule nach Hause, lockere meine imaginäre Krawatte, schau in den Ofen und sehe was? Brokkoliauflauf. Einfach so. Einsam und alleine. *Nur* Brokkoli-Auflauf. Mama war nicht zu sehen, deshalb konnte ich keine Rücksprache halten. Ich musste mich also selbst auf die Suche machen. Vielleicht brauchte der Auflauf einfach länger als die Schnitzel, die es dazu geben würde. Die lagen bestimmt noch im Kühlschrank. Ich riss den Kühlschrank auf – *nichts!* Also kein Schnitzel oder Ähnliches. Mein Hunger verflog schlagartig. Verzweiflung machte sich breit.

»Maaaaaaaaaaamaaaaaaaaa!«, rief ich. Keine Antwort.

»MAAAAAAAAAAAMMMAAAAAAAAA!« Meine Worte hallten in dem plötzlich eiskalt wirkenden Haus wider. »M-A-M-A!«, das war mein absoluter Notruf. Niemand da. Aber sie wusste wohl, dass sie rechtzeitig zurück sein würde, um den B... B... Bäh... Brokkoliauflauf rechtzeitig aus dem Ofen nehmen zu können. Ich öffnete ruckartig den Ofen und testete die Konsistenz des Käses. Der würde noch mindestens fünfzehn Minuten brauchen, kombinierte ich aus Temperatur, Schmelzgrad und Bräunungsstufe. Ich sprintete zum Telefon und wählte die Rettung.

»Pizza Express, grüß Gott.«

»Wir haben nicht viel Zeit. Pearce, Simon, du weißt, was zu tun ist!«

»Ah, Simon, einmal Salami mit Chili und eine Salate für die Hasen? Zehn Minute!«

»Ja, ja, ja!«

Schleunigst hatte ich alles arrangiert. Der Zettel, mit extra zittriger Handschrift, lag auf dem Wohnzimmertisch.

»Hab Bauchweh und mir ist übel. Bin oben in meinem Zimmer schlafen. Bussi, Simon«

Ich streifte noch rasch meine Fingerabdrücke auf dem Käse glatt, rannte schnell ins Zimmer, wo ich ausharren musste. Im Haus herrschte Stille, soweit ich das aus dem zweiten Stock beurteilen konnte. Ich hatte das Geld, inklusive Trinkgeld, schon passend parat. Acht Mark fünfzig. Dann endlich, das erlösende Klingeln. Nach genau acht Minuten. Auf Antonio war einfach Verlass. Ich stürmte gerade aus meinem Zimmer, da fuhr ein Donnerwetter durchs Haus. »SCHEEEEEEEEEIISSE! WAS SOLL DAS HIER?« Pause. »HIER HAT NIEMAND PIZZA BESTELLT! ICH HAB GEKOCHT!« Pause. »DAS IST MIR SCHEISSEGAL! DER SOLL DIE BEZAHLEN, ABER DU NIMMST SIE DANN WIEDER MIT!« Ich wusste, wer »der« war, der bezahlen sollte. Und das stand hier nicht nur für das Finanzielle. Ich zahlte die Pizza, sah sie in der metallenen Wärmebox im Kofferraum des Fiat Cinquecento von dannen ziehen und drehte mich zu meiner Mama.

»Boah. Ich hab so Bauchw...«

»Des kannst vergessen, mein Schatz. Es gibt Brokkoliauflauf, und du siehst sehr hungrig aus. Ich mach dir gleich amal an großen Teller fertig.«

Kurz darauf klingelte es. Unser sich stets sorgender Nachbar. Die Situation war fast immer die gleiche. Vielleicht der erste besorgte Bürger.

»Frau Blumhoff, is ois in Ordnung bei Eana?!«

»Ja, ja, freilich. Ich koch nur grad mit meinem Sohn, wieso?«

»Na, dann is gut. Ich hab nur Schreie gehört. Man hört doch immer die schlimmsten Sachen. Is Ihr Mann ned do?«

»Jetzt hören S' scho wieder was. Sie müssen echt amal besser aufpassen, wem Sie so alles zuhören. Mein Mann ist nicht da. Soll ich ihm vielleicht was ausrichten?«

»Na, dann is ja guad. Auf Wiedersehen.«

»So, Simon«, flötete Mama, während sie mir eine extragroße Portion ihres Meisterwerks auf den Teller klatschte, »jetzt essen wir zusammen und dann schauen wir mal, wie sich deine Bauchschmerzen im weiteren Verlauf des Tages so entwickeln.«

Ich habe übrigens, bis ich aus Puchheim weggezogen bin, von Antonio nur noch Pizza bekommen, wenn ich ihm glaubhaft versichern konnte, dass meine Mama nicht zu Hause war.

10. Kapitel

Hausmannskost

Apropos kochen. Als mein Vater eines Tages merkte, dass seine gekochten nigerianischen Gerichte im Freundes- und Bekanntenkreis mehr als beliebt waren und es ihm viel Spaß bereitete, Menschen zu bewirten, beschloss er, ein eigenes afrikanisches Restaurant zu eröffnen. Zu der Zeit, Anfang der 90er-Jahre, gab es tatsächlich kein Restaurant in München, das westafrikanische Küche anbot. Ein abessinisches, also mit äthiopischen beziehungsweise eritreischen Speisen, im Münchner Westen war das einzige Lokal, das den Kontinent kulinarisch in der bayerischen Landeshauptstadt repräsentierte. Er verbrachte also wochenlang mit der Suche nach einem passenden und bezahlbaren Objekt in München, und später, als er es gefunden hatte, noch mehr Zeit mit Renovieren, Einrichten, Dekorieren, Mitarbeiterakquirieren und Probekochen, sodass wir ihn entweder nachmittags im Lokal besuchten oder kurz abends sahen, wo er sich erschöpft im Wohnzimmer auf die Couch legte und eines seiner geliebten Asterix-Hefte las und sich in den Schlaf lachte.

Wir halfen Papa so gut es ging im Restaurant aus. Jeder nach seinen Möglichkeiten. Mein Bruder war damals schon über sechzehn und stand, zumindest an den Wochenenden, mit an der Bar, unterstützte im Service und startete seine ersten Flirtversuche mit den jungen Bedienungen. Meine Schwester war für die Dekoration zuständig und stand manchmal in der Küche. Und ich fuhr gerne mit Papa in den

Großmarkt. Seit meinem ersten Einkauf war ich begeistert von dem Geschäft. Ich war damals knapp elf Jahre alt und schon als wir den Laden betraten, war ich überwältigt. Der Markt war gefühlt genauso groß wie Puchheim und man bekam alle Artikel nur in Übergrößen. Geschälte Tomaten, entweder palettenweise oder in putzeimergroßen Dosen. Paprika nicht einzeln, sondern in Kisten. Die Regale waren mindestens zehn Meter hoch und ich fragte mich immer, wie man dort oben etwas rausbekommen sollte. Und dann sah ich ihn. Den Gang. Einen ganzen Gang mit zehn Meter hohen Regalen, prall gefüllt mit Süßigkeiten. Mama war ja nicht da. Meine Nasenflügel weiteten sich und ich versuchte, die Aromen durch die Plastikverpackungen mit meinen Schleimhäuten einzusaugen. Papa beobachtete mich. Wie paralysiert stand ich da, die Augen geöffnet, dennoch leer, meinen Kopf hatte ich leicht in den Nacken gelegt, während ich den längsten Atemzug der Welt ausführte. Ich wollte ihn wenigstens riechen. Den Inhalt der autoreifengroßen Gummibärchenpackung, die meinen Namen zu rufen schien. Dieser Anblick, oder meine Hilfsbereitschaft beim Einkauf, schien meines Vaters Herz erweicht zu haben. »Aba nix der Mama sage! Und mit Nancy und Wilson teile«, sagte er und hob diese Trommel geballten Glücks in den ebenfalls albern großen Einkaufswagen. Ab jetzt wollte ich immer mit in dieses Paradies.

Die Schauspielkarriere meiner Mutter war, nach der kleinen Ruhephase ob ihrer familiären Verhältnisse, schon wieder ins Rollen geraten, und so war sie oft tagelang unterwegs oder stand abends auf diversen Bühnen in München. Anschließend fuhr sie meistens ins Restaurant und sorgte an der Bar für die notwendige Unterhaltung. Das klingt anstößiger, als es war. Sie war halt der Theken-Clown. Mit BH. Mit ihrem Humor und ihrem losen Mundwerk verhalf sie den Gästen zu guter Laune, war Seelsorgerin und politische Aufrührerin. Den engsten Draht zu den Gästen hatte natürlich Papa selbst. Man ist am Tresen, als Barkeeper oder Restaurantbesitzer, vieles auf einmal. Aufpasser, Gewissen, bester Freund, Diskussionspartner und Mülleimer. Nicht zu vergessen natürlich Student. Student des Lebens, aber auch Student der Weisheiten, der großen Gelehrten, die sich gerne bei ein paar Gläsern Rotwein ihren eigenen Hörsaal aus einem Lokal machten. Manchmal blieb ich nach dem Einkaufen noch im Restaurant, spielte mit ein paar Gästen Karten und schlief dann im Auto oder hielt mich wach und beobachtete die Gäste.

Papa hatte einen Stammgast, passenderweise aus Tirol, allerdings ohne Hut. Hans hieß der. Ein, wie er von sich selbst behauptete, weit gereister Mann mit einem unendlichen Wissensschatz. Er hatte wohl eine geraume Zeit seines Lebens in Afrika verbracht. In Namibia, um genau zu sein. Und so saß er fast jeden Abend mit rot unterlaufenen, wässrigen Augen äußerst instabil und alleine auf einem Barhocker. An einem Abend erklärte er Papa das »Problem mit den Afrikanern«.

»Weißt, Charly, wir kommen da runter und wollen denen was zeigen, aber die Bimbos sind halt a bissl einfach, verstehst? Weißt eh, dass ich es ned bös mein, wenn i Bimbo sag?«

»Wie meins du es dann?«

»Jo mei, so, wie es is. Die ham sich halt verhalten wie welche. Also wie Bimbos. Und man hat halt Angst ghabt ums Geschäft. De ruiniern des alles. So a schönes Land.«

»Ja, aber es ist doch ihr Land. Ihr ruiniert das doch mit euren Safaris.«

»Schau, Charly, der Tourist will Safari, der will Wildlife, der will auch Wilde sehen. Aber keine besoffenen Bimbos, die in der Sonne rumliegen.«

»Lieba Hans, ich bitte dich, diese Wot nikt mea su sage!«

Ich spürte, wie Papas Wut innerlich stieg, aber er wollte es über die Vernunft und übers Gespräch lösen.

»Des tut ma leid, de Neger ham mi halt einfach aufgeregt, machen mir mein Business kaputt. Schau moi, Charly, du hast an guadn Laden hier, was würdest du sagen, wenn ...«

»Wenn mir ein besoffene Weiße mei Gesäft kaputt machen wuade? Ich sag, Hans, der Wein geht auf mich, such dir bitte ein andae Restaura!«

Dann hat er ihn höflich, aber bestimmt zur Tür gebracht und des Restaurants verwiesen.

Das hat mich beeindruckt. Mit einer solch stoischen Ruhe einen wirklich unangenehmen Menschen in aller Höflichkeit zum Rückzug auffordern, das konnte nur Papa. Mama hätte da einen direkteren Ton angeschlagen.

11. Kapitel

Fremd ist der Fremde auch in der Fremde

Ich hatte mich mittlerweile in der Schule schon sehr gut zurechtgefunden und meinen Freundeskreis und mein soziales Ansehen erweitert. In der dritten Klasse wurde ich sogar zum Klassensprecher gewählt. Der erste farbige Klassensprecher der Grundschule am Gernerplatz. Eat this, Barack Obama! In einer Sache kackte ich aber immer noch gegen meine Mitschüler ab. Urlaubsgeschichten. Die erste Frage, die nach den Ferien gestellt wurde, war immer: »Und, wo wart ihr im Urlaub?«

Unsere »Urlaube« gingen bis dato immer zu Edi. Edi war ein Kollege meiner Mama, den sie mal beim Theaterspielen kennengelernt hatte. Er sah zwar ein bisschen aus wie ein Wurzelsepp, war aber ein Herz von einem Menschen, äußerst humorvoll, und er liebte uns drei, als wären wir seine eigenen Enkel. Des Weiteren spielte er für uns immer den Nikolaus, was ich erst erschreckend spät bemerkte. Ehrlich gesagt erst, als ich im Alter von neun das Nikolauskostüm in seinem Schrank entdeckte. Erst da fiel mir auf, dass ich Edi und den Nikolaus noch nie gemeinsam in einem Raum gesehen hatte und Edi auch immer erst auftauchte, nachdem der Nikolaus verschwunden war. Dann fiel der Groschen auch bei mir. Meine Familie konnte endlich mit der Scharade aufhören und Edi hatte wieder am Nikolausabend frei.

Das war unser Edi, unser Ferienziel.

Wir Kinder wurden, ohne Mama und Papa, die mussten arbeiten, auf Edis Hütte ins Berchtesgadener Land geschickt. Waren wir schon in Puchheim die Exoten, so waren wir dort die Hauptattraktion des Jahres. Außerirdische fast schon. Die einzigen Dunkelhäutigen, die man bislang gesehen hatte, waren entweder amerikanische GIs oder zierten die Verpackungen von Schokoladentafeln und Kakao. Gut, ein paar modern veranlagte Berchtesgadener, die sich in den Bergen schon einen Fernsehanschluss hatten legen lassen, kannten noch einen weiteren, der in allen möglichen TV-Shows wunderbar über die Notwendigkeit von Vergnügen sang. Aber uns konnte man quasi anfassen. Jung, ungefährlich und offensichtlich sozialisiert, weil wir mit Edi unterwegs waren, der ein angesehenes Mitglied der Gemeinde war.

Einmal wollte ich mich zu einer Gruppe Kinder gesellen, die Fußball spielten. Ich war kurz davor, den Jungen, der im Tor stand, zu bitten, ob ich mitmachen durfte, während gerade ein Angriff in seine Richtung lief. Er trug eine knallgrüne Turnhose und schaute zu mir, weil er wohl meine Anwesenheit neben seinem Rucksack, der als Torbegrenzung diente, bemerkte, und erstarrte. Seine Augen waren ebenso weit geöffnet wie sein Mund. Möglicherweise fürchtete er, ich würde den Rucksack klauen oder damit wegfliegen. »Boah«, hörte ich ihn noch sagen, dann klatschte der Fußball auf seine linke Backe und er ging zu Boden. Das saß.

Als er einige Momente später aufwachte, waren seine ersten Worte: »Ich hab an Neger g'seng und dann is mir schwarz vor Augen geworden.« Ich beugte mich über ihn, um mich für die Ablenkung zu entschuldigen, aber bevor ich was sagen konnte, verlor er erneut das Bewusstsein. Ich stellte mir das bildlich vor: Ein junger Torwart traf zeitlebens nur hellhäutige Menschen. Plötzlich stand ein Wilder neben ihm und rollte mit seinen kugelrunden schwarzen Augen. Er sah hungrig aus, und Fußballer gelten in seinem Stamm als Delikatesse. Ganz sicher hatte er einen großen Topf mitgebracht, in dem er seine Beute zubereitete. Davor verspeiste er allerdings den Rucksack mit den Hausaufgaben. Der junge Fußballspieler riss die Augen noch weiter auf. Kann er Voodoo? Klar, alle Wilden können Voodoo! Und da verlor der gute Torwart auch schon sein Bewusstsein.

Später traf ich den Jungen mit der grünen Turnhose wieder.

»Tut mir leid wegen vorhin«, sagte ich.

»Mir auch«, sagte er.

»Warum, ich hab dich doch abgelenkt, deswegen hast du den Ball abbekommen? Da musst du dich doch nicht entschuldigen.«

»Nein, ich wollt mich entschuldigen, weil ich *Neger* zu dir gesagt hab. Meine Mama hat mir erklärt, dass das gemein ist.«

»Ach so, daran hab ich mich schon gewöhnt.«

»Trotzdem«, sagte er und hielt mir seine Hand hin. »Ich heiß Basti.«

»Ist schon gut«, sagte ich und nahm den Handschlag an. »Ich heiß Simon.«

»Seilenn?«

»Nein: Sei-men.«

»Heißen viele Neger so?«

»Weiß ich nicht.«

»Oh, Entschuldigung, jetzt hab ich schon wieder *Neger* gesagt.«

Ansonsten verliefen die Trips aufs Land meistens ohne größere Zwischenfälle. Meine Geschwister und ich liefen in Lederhosen durch die Gegend, fingen Fische im Bach und halfen Edi beim Holzhacken und Aufschichten. Dass wir dabei vom halben Dorf beobachtet wurden, störte uns nicht groß. Abends gingen wir mit Edi ins Wirtshaus, hörten uns seine Geschichten an und lernten Kartenspielen. Edi brachte mir auch bei, dass man die Dinge mit Humor nehmen musste. Wenn wir an seinem Tisch im Wirtshaus saßen und die Bedienung kam, bestellte er gerne mal kein normales Weißbier, was er sonst immer tat, sondern versucht, die Bedienung mit seiner Bestellung aus der Fassung zu bringen.

»Weißt was, mir derfst heut an Neger bringen«, sagte er zu der Bedienung. Auf dem Land sagt man zu einem Gemisch aus Weißbier und Cola bis heute »Neger«. Die Kellnerin wusste nicht, ob sie jetzt lachen oder Empörung heucheln sollte, was bei ihr dazu führte, dass sie das Gesagte laut wiederholte. »An Neger?«, schrie sie durchs Wirtshaus, woraufhin natürlich alle zu uns blickten und Edi, gespielt verständnislos, seinen Kopf schüttelte. »Also wirklich, des sagt ma doch ned«, belehrte Edi sie, um noch einen draufzusetzen. Die Bedienung wurde rot und brachte uns zwei Apfelschorlen.

Als wir das erste Mal bei seiner Nachbarin vorstellig wurden, meinte Edi, es sei besser, wenn er allen Leuten gleich zeige, dass wir zu ihm gehörten, »bevor s' die Polizei rufen vor Schreck«. Ich streckte ihr zur Begrüßung meine Hand entgegen, wie ich es daheim gelernt hatte. Sie schüttelte diese etwas zögerlich und wischte ihre Hand direkt danach an ihrer Schürze ab. Innen- und Außenfläche. Sie drehte sich dabei aus der Hüfte von mir weg, vermutlich weil sie dachte, ich könnte ihre Handlung dann nicht sehen. Daraufhin schüttelte Edi ihre Hand und ahmte ihre Geste an seiner Hose nach.

»Was wischst du dir jetzt die Hand ab?«, fragte die Frau verdutzt.

»Du hast doch grad dem Neger deine Hand gegeben. Und wie wir alle wissen, färben die bekanntlich ab. Du hast deswegen dei Hand vorsorglich an deinem Kleid sauber gmacht, aber manchmal bleibt ja da noch a bisserl a Farb übrig und ich wollt einfach koa Risiko eigeh. Verstehst? I mog ned der Erste im Ort sei, der mit schwarze Händ rumlauft!«

Die Nachbarin schaute etwas verwirrt an ihrer Schürze hinunter, wahrscheinlich um nachzusehen, ob da jetzt Farbe dran war oder nicht, nickte unsicher und schloss die Tür.

Ja, der Edi, er hatte einfach immer schnell die passende Antwort parat.

Ein anderes Mal saßen wir bis spät in die Nacht zusammen mit Edi in einer Kneipe. Er betrank sich wie bekloppt und konnte kaum noch sprechen, darum beobachtete ich die Menschen. Dabei fiel mir auf, dass die Menschen uns ebenfalls beobachteten. Man sah an ihren Blicken, dass sie sich fragten, was denn die »Neger« da mit dem Einheimischen machten. Die Faszination, die wir auslösten, schien sich auch über die Jahre nie zu legen. Es wurden zwar noch unmotiviert Schafkopfkarten auf den Tisch geschmissen, aber mindestens eins der Augen jedes Gastes war immer auf meine Geschwister und mich gerichtet.

Generell ist man in dörflichen Gegenden von Natur aus skeptisch gegenüber Fremden, aber Fremde mit fremder Hautfarbe erzeugen dann vermutlich eine enorme Unruhe bei solchen Leuten.

Nur einer war in dieser Hinsicht schmerzfrei: der dicke Peter. Ein pausbäckiger Installateur, der ununterbrochen Leberkäse, Schnaps und Bier in sich reinstopfte und schätzungsweise Anfang zwanzig war. Er hatte eine sehr hohe Stimme und nahm jeden Menschen so, wie er war, also auch uns. »Ihr warts eh scho mal da«, bemerkte er, als wir das zweite Mal hingefahren waren. »Seits aus Minga?«

Minga sagen Menschen, die aus bayerischen Orten außerhalb Münchens kommen, wenn sie München meinen. Münchner sagen »München« zu München. Obwohl wir aus Puchheim stammten, antworteten wir natürlich: »Ja, mir kemma aus Minga«, damit Peter uns verstand. Hätten wir »Ja, mir kemma aus München« gesagt, hätte er vermutlich nachgefragt: »München? Was is des?«

Mein Bruder kam gerade von der Toilette, als Peter ihn aufhielt.

»Was machst jetzt du beruflich?«, fragte Peter.

»Ich mach bald Abitur«, antwortete mein Bruder.

»Auweh, na muass i aufpassen, wie i red, damit du mi ned korrigierst, oder?«

»Mach dir keine Sorgen, i korrigier di scho ned.«

»Wia hoaßtn?«

»Wilson.«

»Was will i?«

»Naa, mein Name ist Wilson.«

»So wia Karlsson?«

»Ja, so ähnlich. Und wia hoaßt du?«

»Bäda.«

»Und was machst du beruflich?«

»Bäda.«

»Bäda?«

»Ja. Badezimmer. Hahahahahaha.«

Plötzlich öffnete sich die Tür und eine Familie kam in die Wirtschaft. Vater, Mutter und Sohn. Den Sohn kannte ich:

Es war Basti, der Junge mit der grünen Turnhose. Er kam zu uns hinüber.

»Hallo«, sagte er.

»Hallo«, antwortete ich und stellte ihn Edi und meiner Familie vor. Er wirkte etwas unglücklich.

»Was hast du denn?«, fragte ich.

»Wir ziehen weg von hier«, sagte er. »Mein Vater muss von der Arbeit her woandershin.«

»Wohin zieht ihr denn?«

»Nach Gröbenried oder so ähnlich.«

»Gröbenzell«, rief Bastis Vater.

»Das ist unser Nachbarsort«, sagte ich und überlegte, ob Basti und ich vielleicht Freunde werden könnten.

Die Bedienung brachte frische Limo für Basti, eine Weinschorle für seine Mutter und einen Pfefferminztee für seinen Vater. Sie hatten sich an einen der hinteren Tische gesetzt. Edi hatte mittlerweile Mühe, seine Augen offen zu halten.

»Dem derfts a Taxi ruafa«, schrie der dicke Peter aus der dunklen Stammtischecke in unsere Richtung. Wahrscheinlich hatte er recht. Edi hatte zudem gewaltige Probleme damit, aufrecht zu sitzen, einen Fußmarsch konnte man ihm kaum zumuten und für einen Ritt auf einem unserer Rücken war er schlichtweg zu massiv. Die Wirtin bestellte ein Taxi und wir drei gingen schon mal vor die Tür, um unseren Augen vom Zigarettenrauch Erholung zu gönnen. Als Edi endlich auch das Wirtshaus verließ, warteten wir schon fünf Minuten im Taxi. Er hatte sichtlich Probleme, seinen Trachtenjanker über seine Schultern zu werfen, und schwankte zur Straße. Was er nicht sah, war das Polizeiauto, das die Straße entlangschoss. Ich riss die Tür auf. »Vorsicht Edi, ein Auto!«

Jeder normale Mensch hätte einen Satz nach hinten gemacht, um sich in Sicherheit zu bringen. Nicht aber Edi. Er blieb mitten auf der Straße stehen, drehte sich in Richtung der Scheinwerfer und streckte die Arme nach vorne, um dem Auto zu signalisieren, seine Geschwindigkeit zu verringern. Im Idealfall auf null. Die Polizisten taten, wie ihnen geheißen, bremsten ab, rissen ihre Türen auf und sprangen fuchsteufelswild aus dem Auto. Jetzt gab es Ärger.

»Ja, sagen S' mal, sind Sie verrückt geworden, was springen Sie denn da auf da Straß umanand?«

Mit wenig Reue schmunzelte Edi die beiden nonchalant an, knöpfte sich seine Jacke zu und meinte trocken: »Hopperla, war ma a bissl schnell, die Herrschaften?«

»Ham Sie was getrunken?«

»Ja, aber i hab kein Durscht mehr. I fahr jetzt heim.«

»Mim Auto?«

»Freilich mim Auto, i bekomm doch um die Uhrzeit keine Kutsche mehr!«

»Das können mia aber ned zulassn, dass Sie no Auto fahrn!«

»Naa, Herr Wachtmeister, san Sie verrückt, i hab an stattlichen Rausch und drei Kinder dabei, i fahr doch nimma selber. Des Auto is a Taxi und die kommen immer mit Fahrer.«

Irritiert stiegen die Beamten wieder in ihr Fahrzeug und brausten davon. Ja, die Besuche im Berchtesgadener Land waren schon immer etwas Besonderes.

Trotzdem war das nichts, wovon man mit Stolz im Pausenhof erzählen konnte. Meine Mitschüler verbrachten ihre Sommer in Italien, Südfrankreich und Spanien. Manche flogen sogar bis nach Mallorca und erzählten von brennender Sonne und wilden Tieren, die sie gesehen hätten. Geckos und riesige Fische, wilde Hunde auf den Straßen und angeblich auch mal einen Hai. Da waren meine Geschichten aus den bayerischen Alpen ungefähr so spannend wie Mehl essen. Aber nach meinen dritten Sommerferien konnte ich endlich einen raushauen. »Wir waren in Nigeria«, platzte ich in der ersten Pause in die Runde. Was ich erntete, waren kein »Ui« und »Wow« wie erwartet, sondern lediglich nichtssagende Blicke.

»In Afrika«, schob ich nach. Jetzt machte es bei allen klick und die Begeisterung war groß! Schon fühlte ich mich wie Jesus bei der Bergpredigt. Der komplette Pausenhof schien an meinen Lippen zu hängen. Ja, wir waren tatsächlich in meinem Vaterland. Unser erster Urlaub mit der kompletten Familie.

Mama musste die ersten zwei Wochen des Urlaubs noch drehen, und somit flogen wir vier schon mal vor. Mit viel Gepäck und einem Zwischenstopp in Belgien. Ich erinnere mich nur noch daran, dass ich viel schlief, viel gebrochen habe und wir viel gelaufen sind. Die Reise war wohl hektisch, aber irgendwann landeten wir in Lagos, der damaligen Hauptstadt. Endlich in Afrika. Endlich in Nigeria. Das Land meiner Vorfahren. Hier waren wir keine Exoten. Hier bin ich ich, hier darf ich's sein, dachte ich. Wir saßen gefühlt drei Stunden am Gepäckband. Mir kam das damals alles schon schrecklich unorganisiert vor, und ich erwischte mich dabei, mir eine bessere Organisation und eine etwas kühlere Luft zu wünschen. Die Warterei hätten wir uns auch sparen können, das Gepäck hatte den Flugzeugwechsel nicht geschafft und musste jetzt zwei Wochen am Flughafen in Brüssel auf Mama warten. Egal, raus in die Heimat! Wir stiegen in ein Taxi, dessen Fahrer gleich zu Beginn laut mit Papa zu diskutieren begann. Wir saßen auf der Rückbank und unter unseren Füßen war ein Loch im Boden des Taxis. Ein riesiges

Loch, in das leicht mein Fuß durchgepasst hätte und durch das ich die Straße unter uns vorbeiziehen sah. Das war spannend, aber ungewohnt. Als wir an einer Ampel hielten, drehte ich gähnend meinen Kopf in Richtung Seitenfenster, um mir die Gegend anzuschauen. Mich traf fast der Schlag. Direkt vor unserer Fensterscheibe, mitten auf der Straße, stand eine sympathisch wirkende Frau. Vor ihrer Brust schlief ein Säugling, der mit einem Tuch festgebunden war, und auf ihrem Kopf balancierte sie einen riesigen Korb mit Erdnüssen, Zigaretten, Keksen und anderen Süßigkeiten. Ein Tante-Emma-Laden to go quasi. Papa bat den Taxifahrer, kurz anzuhalten, und kaufte uns Kekse und Süßigkeiten. Die Süßigkeiten sahen anders aus als in Deutschland und irgendwie traute ich mich nicht, welche zu essen. Das wäre meine Chance gewesen. Mama war ja weit, weit weg. Als wir an der nächsten Ampel auf grünes Lichtsignal warten mussten, kamen Polizisten zum Fenster. Diesmal vorne. Ein Polizist musterte uns, klopfte ans Fenster und streckte dann seine Hand durch, als mein Vater die Scheibe runterkurbelte.

»Sir, you want to pass that, you have to pay a fee. You know, it's my sister's birthday today.«

Mein Bruder übersetzte mir, dass wohl die Schwester eines der Polizisten Geburtstag hätte und wir eine Gebühr zahlen sollten. Offensichtlich hatte er kein Geschenk, dachte ich mir. Korruption kam mir damals noch nicht in den Sinn. Ich wollte ihm sagen, dass mir das auch mal auf einer Geburtstagsfeier passierte und dass es keinem auffiel. Da bemerkte ich, dass ich gar kein Englisch sprechen konnte. Dann versuchte ich, ihm meine Kekse als kleine Aufmerksamkeit für seine Schwester zu überreichen, aber Papa drückte meine Hand wieder nach hinten und begann ein Streitgespräch. Wie schon mit dem Taxifahrer auf Yoruba, seiner Heimatsprache. Die Leute schienen ihn immer erst dann zu seiner Zufriedenheit zu verstehen, wenn er etwas lauter wurde. Als wir weiterfuhren, sagte Papa auf Deutsch: »Aslöcha!« Und er erklärte uns, dass die Polizisten, wie auch der Taxifahrer, uns betrügen wollten, weil wir Europäer waren. Ich hatte keine Ahnung, wie sie das erraten haben, aber ich fand das eine ganz schöne Sauerei.

Als wir endlich bei Papas bestem Freund ankamen, in dessen Hotel wir nächtigen durften, gab es eine sehr, sehr lange und intensive Begrüßung. Damals verstand ich das noch nicht, aber man muss wissen, dass Papa seit seiner Ankunft in Deutschland, Anfang der 70er-Jahre, nicht mehr in Nigeria war und seinen alten Schulkollegen seit dieser Zeit auch nicht mehr gesehen hatte.

Papas Heimatort ist ein Vorort von Lagos. Ähnlich wie Puchheim, aber ganz anders. Meine Sinne saugten alles auf. Es roch anders, teilweise nicht besonders gut, weil es nur eine offene Kanalisation gab. Überall liefen Tiere herum, Ziegen, Hühner, wie früher bei uns im Garten. Ich sah keinen einzigen Golden Retriever. Und es war laut. Herrlich laut. Die Leute lachten, redeten, diskutierten und feilschten um Waren, die auf offener Straße verkauft wurden. Herrlich.

Als ich hörte, dass es in der Nähe eine Art Fußballplatz gab, machte ich mich am nächsten Morgen mit meinen Geschwistern gleich auf den Weg dorthin. Je länger wir gingen, desto mehr Kinder liefen uns nach und tanzten um uns herum. »Oyingbo Pepe! Oyingbo Pepe!«, sangen sie. Ich machte natürlich mit und stimmte mit ein, ich wollte ja dazugehören. Doch mir fiel auf, dass sie alle mit dem Finger auf mich zeigten und lachten. Später übersetzte mir mein Papa, dass sie »Weißer Mann verträgt keinen Pfeffer« gesungen hatten und dabei mich meinten. Ich war der weiße Mann! Wer hat Angst vorm weißen Mann?! Keiner! Und wenn er aber kommt? Dann lachen wir ihn aus! Das war hart. Ich wurde von andern Kindern gehänselt, weil ich *weiß war?!* Dieses Ereignis löste meine erste, mittelschwere Identitätskrise aus. Für Bayern zu schwarz und für Nigeria zu weiß.

Zum Glück passten wir sonst ganz gut nach Afrika. Ich liebte das scharfe Essen und schon zum Frühstück gab es Reis mit scharfer Soße als Alternative zu den Frühstücksflocken. Die ersten zwei Tage begleitete uns im Hof des Hotels eine Ziege beim Spielen. Und auch wenn ich diese Ziege sehr mochte, erfüllte es mich mit Glück, als Onkel Bisi sie am zweiten Abend in den Hof führte und an einem Holzpfahl festband. Dann zog er sich sein Oberteil aus, holte seine Machete und tat das, was Papa mit den Hasen gemacht hatte. Aber hier jubelten die Kinder und freuten sich auf das Festmahl. Ich wollte schreien: »Genauso machen wir es zu Hause auch und die wirklich weißen Kinder weinen dabei!«, aber leider sprach weder ich Yoruba noch die nigerianischen Kinder Deutsch. Aber trotzdem, ich merkte, wir waren vielleicht doch einigermaßen normal. Das liegt immer im Auge des Betrachters. Auch, dass wir zwei Wochen in denselben Klamotten herumliefen, bis Mama endlich mit den Koffern ankam, störte hier niemanden.

Erst Jahre später erfuhr ich von Mama, dass das »Hotel«, in dem wir wohnten, eine besondere Art von Hotel war. Mama wunderte sich einige Tage nach der Ankunft, warum immer die gleichen jungen Frauen an der Hotelbar herumsaßen und viele nervös wirkende Männer das Hotel betraten und rasch wieder verließen. Onkel Bisi drückte es wohl relativ galant aus: »You know, Christiane, it's a very special type of hotel.«

Tja, wenn wir Pearcens schon mal Urlaub machten, dann ohne Gepäck und mit Übernachtung in einem Stundenhotel. Na ja, normal kann jeder.

All das konnte ich jetzt auf dem Pausenhof bildlich erzählen. Abwechselnd mit meiner Schwester berichteten wir von der Ziege, von dem riesigen Loch im Boden des Taxis, den überfüllten Bussen, an denen die Männer wie Actionhelden draußen hingen und in denen nur die Frauen zusammengepfercht drinnen saßen, von dem Affenwald und, um dem Ganzen noch den letzten Schliff zu verleihen, von Löwen und Elefanten. Die hatten wir auch gesehen, muss ich zu meiner Verteidigung sagen. Allerdings, und diesen Teil habe ich ausgespart, nicht im wilden Busch, sondern im staatlichen Zoo von Lagos.

Zwei Fliegen mit einer Klappe. Erstens merkte ich, dass wir gar nicht so sonderbar waren, wie ich dachte, und zweitens fanden die anderen Kinder mich plötzlich cool.

12. Kapitel

Ich bin ja kein Rassist, aber ...

Mir war längst klar, dass wir durch unser Verhalten, das völlig von der Norm abwich, einfach anders waren. Ich entwickelte sogar so etwas wie Verständnis dafür, dass manche Leute uns als Wilde wahrnahmen. Edle Wilde, die sich relativ brav der westlichen Welt anpassten. Vergleichbar mit einem Indianerhäuptling, dem der Cowboy mit einer Mischung aus Hochachtung, Skepsis und Respekt gegenübertritt. Dafür wurde er auch gerne mal gelobt. Das passierte mal meiner Mutter beim Metzger. Mama stand an der Theke und die Metzgerin stellte die uns allen bekannte Frage: »Mag er vielleicht a Stückerl Wurscht?« Eigentlich nett, das Problem war nur, dass die Frage nicht an mich oder eins meiner Geschwister gerichtet war, sondern an meinen Vater: ein vierzigjähriger Afrikaner im Vollbesitz seiner geistigen und sprachlichen Kräfte. Höflich, wie er war, antwortete er augenzwinkernd mit leicht afrikanischem Akzent, bevor meine Mutter einen Tobsuchtsanfall bekommen konnte: »Nein danke, keine Wurs fur misch.«

Die Metzgerin war ganz begeistert!

»Mei, der spricht ja sehr gut Deutsch! Und wie gut er erzogen ist«, sagte sie anerkennend zu meiner Mama und merkte dann, wie seltsam es ist, wenn man über jemanden spricht, der die Sprache versteht und direkt daneben steht. Deshalb drehte sie sich rasch zu meinem Vater und sagte: »Sie sprechen aber wirklich sehr gut Deutsch. Da muss ich Sie einmal loben.«

Wie in einem Fernsehsketch artikulierte sie diese Worte sehr langsam und überdeutlich: »Daaa mussss ich Sie schoooooohn einmaaal loooben!« Manche Leute glauben, dass man so mit Ausländern sprechen muss. Genauso wie manche Leute glauben, dass Kinder einen nur verstehen, wenn man in die Hocke geht und die Stimmfrequenz erhöht: »Wo isser denn? Ja, wo isser denn?«

Und die Metzgerin war wirklich völlig aus dem Häuschen, dass man sich mit meinem Papa *richtig* unterhalten konnte. So als stünde auf einmal ein sprechendes Reh vor ihr. Oder ein sprechender Baum. Immerhin bildete sie ganze Sätze. Oft können die Leute, die einem »Komplimente« machen, selbst kein vernünftiges Deutsch mehr, sobald sie sich mit einem vermeintlichen Ausländer austauschen.

Mein Papa bedankte sich aber tatsächlich für solche lobenden Äußerungen auch noch. Er legte sogar viel Wert darauf. Bloß nicht auch noch Vorurteile füttern. Das machte er auch mir klar: Falls ich mit vier Freunden, sagen wir mal, etwas klaue und wir würden dabei erwischt, dann würden die Leute sagen »Ja mei, die Lausbuam, denen gehören mal die Leviten gelesen«. Nur bei mir würden sie »War klar, dass der Neger klaut« feststellen. Er redete mir schon im Kreißsaal, direkt nachdem ich geschlüpft bin, ein: »Simon, du darfst kein Seiße bauen! Wir sind dir einzigen Swarze hier, die Leute warten nur darauf, dass du Seiße baust.«

Mein Vater konnte natürlich, bis auf ein paar kleine Dialektauffälligkeiten, sehr gut Deutsch, er lebte immerhin schon zwanzig Jahre in Deutschland und hatte ein fast abgeschlossenes Politikstudium, sprich: Er hatte Abitur. Gut, es war ein nigerianisches Abitur, aber entgegen der Meinung einiger Leute lernt man dort auf dem Gymnasium nicht nur Bananenwerfen, Ananaspflücken und Kokosnusspalmen-Wettklettern.

Es war schon eigenartig, was für ein Bild die Menschen von meinem Papa hatten. Ich habe das nie richtig verstanden, weil es doch in Deutschland eine Menge Afrikaner gibt und die meisten können sich auf Deutsch unterhalten. Aber vermutlich sahen sie für die meisten Deutschen so fremd aus, dass sie erst gar nicht den Versuch wagten, mit ihnen zu sprechen. Sie gingen wohl davon aus, dass man sich in Afrika nur mit Klicklauten verständigte.

Das Hauptproblem beim Rassismus ist vermutlich, dass sich die Leute nicht mit anderen Kulturen befassen und dadurch ein seltsames Bild in ihren Köpfen wächst. Natürlich gepaart mit über Jahrhunderte gewachsenen Vorurteilen: Chinesen kochen immer mit Glutamat. Amerikaner sind grundsätzlich ungebildet und ignorant. Franzosen haben keine Lust, andere Sprachen zu lernen. Italiener reden immer mit den Händen und ernähren sich ausschließlich von Pizza und Pasta. Engländer sind entweder entsetzliche Spießer oder alkoholkranke Hooligans. Afrikaner sind ausgesprochen musikalisch. Afrika ist ein Land. Schweden geben im Urlaub ihr ganzes Geld für Schnaps aus. Österreicher sind alle Outdoor- und Bergexperten. Brasilianer sind irrsinnig gute Fußballer und haben von früh bis spät Sex. Ich könnte diese Liste endlos weiterführen. Vorurteile sind schon etwas sehr Seltsames, und wenn sich erst mal eins im Kopf festgesetzt hat, dann ist es ganz schwer, es wieder auszutreiben. Viele Menschen haben fixe Ideen, so entsteht zum Beispiel das Bild von dem extremistischen, aggressiven Araber. Aber einen getroffen haben sie selbstverständlich noch nie. »Man weiß das halt.« Jeder freundliche, sympathische Araber, den man kennenlernt, egal wie viele in der Summe, bildet dann die Ausnahme. Das ist der berühmte »Türke unten am Eck, der ja wirklich ganz nett ist«.

Unsere Nachbarin Frau Striegl war bei meiner Mutter zum Kaffee zu Besuch, als ich etwa zehn Jahre alt war. Ich las in der Ecke eines von Papas Asterix-Heften. Meine Mutter hatte einen Kuchen gebacken und kam gerade mit frischem Kaffee für die beiden Erwachsenen und einem Kakao für mich herein. Ich kann mich genau an den Dialog zwischen Frau Striegl und meiner Mutter erinnern, obwohl ich wahrscheinlich nicht alles verstanden habe. Der Kakao war übrigens wie immer perfekt temperiert und genau im richtigen Mischverhältnis.

»Ich finde das wirklich toll, dass Sie da einfach so mit Ihrem Mann hier wohnen und nichts auf das ganze Gerede geben«, sagte Frau Striegl mit aufgerissenen Augen.

»Was denn für ein Gerede?«, fragte meine Mutter irritiert.

»Na ja, das können Sie sich doch denken. Wegen seiner Herkunft und so. Und weil er im Garten immer Jagd auf Tiere macht, wie bei sich daheim im Busch.«

»Er schlachtet ab und zu Tiere. Wie jeder zweite ansässige bayerische Bauer auch.«

»Na ja, also, ich glaub nicht, dass ein Bauer seinem Vieh auf dem Hof hinterherläuft, dabei laute Kampflaute ausstößt und es schließlich mit seiner Machete erlegt.«

»Das macht mein Mann auch nicht. Er schlachtet sie fachgerecht und auf absolut humane Weise.«

»Ich will ja nichts sagen. Ich bin doch keine Rassistin. Wissen Sie, der Gemüsemann unten an der Lochhauser Straße ist auch Türke und der ist absolut kompetent. Und dem seine Tomaten – ein Traum! Und des wissen S' ja, unser Nachbar, der Herr Kritikakis, der ist Grieche und der hat wirklich sehr gute Manieren.«

Der skeptische Blick meiner Mutter verwandelte sich allmählich in den eines lauernden Luchses, jederzeit bereit zum Sprung auf sein wehrloses Opfer. Ihren Kaffee hatte sie vorsichtshalber schon mal auf den Tisch gestellt, falls sie rasch hätte angreifen müssen.

»Mein Mann hat auch gute Manieren und viele deutsche Mitbürger haben sehr schlechte Manieren. Schauen Sie nur die Burschen an, die am Bahnhof Gröbenzell stockbesoffen aus der Stehkneipe purzeln. Ich glaube, dagegen ist jeder Nigerianer ein Vorbild an gutem Benehmen und Etikette«, sagte meine Mutter ruhig, aber sehr bestimmt.

»Da haben Sie schon recht.« Frau Striegl blickte zu mir und sprach jetzt leiser. Ich verstand trotzdem noch immer jedes einzelne Wort. »Wir leben ja nicht mehr im Mittelalter. Aber mit Ihrem Nachwuchs, das haben Sie sich schon überlegt, oder?«

»Wie bitte?«

Der Kopf meiner Mama war unmerklich einen halben Zentimeter nach vorne geschnellt. Ein brandgefährliches Zeichen.

»Es ist alles schön und gut, aber ich mein, Sie wissen schon, dass es eigentlich wider die Natur ist.«

»Gegen die Natur?«

»Nun ja, äh, also, ich meine, ein Affe treibt es auch nicht mit einer Katze.«

Meine Mama atmete nun tief ein, kniff ihre Augen gefährlich eng zusammen und zischte: »Gut, dann schleich dich ganz schnell von meinem Grund, weil mein Affe kommt gleich wieder heim und möglicherweise hat er Lust auf ein weiteres Kätzchen.«

Seit diesem Tag war die Frau Striegl nicht mehr bei uns zum Kaffee. Ein halbes Jahr darauf wurde sie übrigens von ihrem Mann wegen einer potthässlichen Sekretärin aus dem Elsass verlassen. Einige Monate später zog Frau Striegl auch weg.

In »Mein Kampf« von Adolf Hitler steht: »Meise geht zu Meise, Fink zu Fink, der Storch zur Störchin, Feldmaus zu Feldmaus, Hausmaus zur Hausmaus, der Wolf zur Wölfin.« Aha. Und wie entstehen dann Maulesel und Mischlingshunde? Dass das in diesem Buch geschrieben steht, ist eine Sache, aber dass solche kruden Theorien tatsächlich in den frühen 90er-Jahren noch aus dem Mund eines Menschen kamen, ist schockierend. Noch schlimmer ist, dass wohl auch hier nur ein gut gemeinter Tipp zum Besten gegeben wurde. Adoptieren darf man uns, aber bitte doch nicht kopulieren! Geht's eigentlich noch?

Es war nicht nur unsere Andersartigkeit, die mich manchmal in eine gefühlte Außenseiterposition brachte. Als Kind verfügt man über ein anderes Selbstverständnis, und wenn man bislang nicht mit Rassismus konfrontiert wurde oder ihn schlichtweg nicht verstand, hat man auch kein Problem damit oder man fühlt sich aus falschen Gründen ausgeschlossen.

In meiner Grundschule hatten wir zum Beispiel immer gemischten Sportunterricht. Mädchen mit Jungen. Ich glaube, das ist sogar an allen Grundschulen so. Egal. Wir spielten alle zusammen und jeder durfte alles machen. Die Mädchen standen im Tor und Jungs wurden zuletzt in die Mannschaften gewählt, da gab es noch keine sexistischen Vorurteile. Die meiste Zeit waren wir nicht mit Fußball, Völkerball oder Brennball beschäftigt. In den ersten zwei Schuljahren spielten wir mindestens in jeder zweiten Sportstunde was? »WER HAT ANGST VORM SCHWARZEN MANN?«!

Ich war immer der Fänger, das stand nie wirklich zur Debatte. Es schien Vorbestimmung zu sein. »Wenn er aber kommt, dann laufen wir davon!« Und ich hab sie mit Freude alle wieder eingefangen.

Der dicke Robert, der kräftigste, aber auch einfältigste Junge unserer Klasse, rief immer: »Wenn er aber kommt, dann schlagen wir ihn zam.« Muss er bei seinem Papa aufgeschnappt haben, der Kfz-Mechatroniker war, der einen brutalen roten Schädel und einen »Ich bin stolz, ein Deutscher zu sein«-Aufkleber auf dem Auto hatte. Ich war damals nur froh, dass niemand auf Roberts Vorschlag einging und er allein dastand. Und obwohl Robert dick war, Angst hatte ich vor ihm nicht. Er schwitzte schon, als er nur mit der Schlägerei drohte, aber egal.

Im dritten Schuljahr wurde ich eines Tages in das Zimmer des Direktors gebeten. Ich hab mir meinen Schädel zermartert, was ich wohl angestellt haben könnte. Gut, einmal klauten wir alle Schuhe aus der Umkleidekabine, banden die Schnürsenkel aneinander und hängten die Schuhe aus dem Fenster des Klassenzimmers. Vollführt haben wir den Streich zu dritt. Mein Banknachbar Axel hatte die Idee, aber nur ich musste beim Lehrer antreten. Das empfand ich als höchst unfair. Würde ich dafür jetzt bestraft, weil Bettina gepetzt hatte und mein Vater doch recht hatte? »Du darfst keine Seiße bauen.«

Im Büro des Schuldirektors saß die sozial äußerst engagierte Mutter von Bettina, einer Mitschülerin.

»Simon, bitte setz dich. Frau Bauer, erzählen Sie doch bitte noch mal, worum es geht.«

»Simon«, sagte die Mutter von Bettina, die einen Anzug trug wie eine Mitarbeiterin einer Bank. »Meine Tochter hat mir erzählt, dass ihr immer ein Spiel spielt.«

Was für ein Spiel? Ich hatte keine Ahnung, wovon sie sprach.

»Du weißt, was ich meine, oder?«

Sie sah mich eindringlich an. Ich fühlte mich äußerst unwohl, sie stellte mir ein Rätsel und ich kannte die Lösung nicht.

»Ich spreche von dem Spiel ...« Frau Bauer zog die Augenbrauen sehr weit hoch. »*Wer hat Angst vorm schwarzen Mann* ...«

Oh, das war interessant. Es ging gar nicht um den Streich, den *ich* gespielt hatte, sondern um meine Ehre oder so etwas Ähnliches. Schlagartig ging es mir etwas besser. Aber dennoch, ich war außer mir! Bettinas Mama war zum Direktor gegangen, um zu erreichen, dass wir nicht mehr »Wer hat Angst vorm schwarzen Mann« spielten oder dass ich zumindest nicht mehr Fänger sein sollte, weil sie das als »schwierig« empfand, wie sie sagte. »Oh nein, das ist doch überhaupt nicht schwierig«, sagte ich aufgebracht. »Ich muss doch nur die anderen Kinder einfangen!« Ich war mir sicher, dass es doch eine Bestrafung für unseren kleinen Streich sein sollte, und war zutiefst beleidigt. Heute ist mir natürlich klar, worin Bettinas Mama das Problem sah.

Ein paar Jahre später hörte ich übrigens ein Lied von Haindling im Radio. Es hieß »Schwarzer Mann« und ich dachte, dass Haindling ein Rassist und ein Hetzer war. Später wurde mir klar, dass er mit dem Lied genau das Gegenteil ausdrücken wollte. Als Kind versteht man manchmal die Dinge völlig falsch.

Apropos »Angst vorm schwarzen Mann«. Inzwischen war Basti wie angekündigt mit seinen Eltern in eine kleine Doppelhaushälfte nach Gröbenzell gezogen. Wie es genau dazu kam, dass wir Kontakt gehalten hatten, weiß ich nicht mehr genau, ich glaube, seine Eltern hinterließen damals in der Kneipe ihre Telefonnummer Edi. Jedenfalls wohnten wir jetzt wirklich ganz in der Nähe und freundeten uns auch tatsächlich an. Durch das Ereignis auf dem Fußballplatz hatte Basti auch ein frühkindliches Bewusstsein für Rassismus entwickelt und durch unser gemeinsames Spielen und Streicheaushecken wich auch seine ländliche Skepsis. Im Gegensatz zu vielen anderen.

13. Kapitel

Nomen est omen

Wenn man anders aussieht, darf man auch anders heißen. Die Leute erwarten das sogar. Würde ich jetzt »Hans-Georg Reinthaler« heißen, wären viele Menschen bestimmt verwirrt und würden *noch* mehr Fragen stellen. »Oh, dein Vater ist wohl ... äh ... oder deine Mutter ist wohl ... Also aber du kommst ursprünglich schon aus, äh ... Afrika oder Amerika oder wenigstens aus Indien?«

Bei Kindern geht es schnell. Die hören dreimal, wie man etwas ausspricht, und je nach Talent imitieren sie es dann oder geben sich zumindest Mühe. Im Gegensatz zu vielen Erwachsenen. Meinen Namen zum Beispiel, und ich spreche hier von Vor- sowie Nachnamen. Man sollte meinen, beim Nachnamen bereitet ausschließlich die Schreibweise Probleme, was bis zu einem gewissen Grad noch verständlich ist. Aber bei der Aussprache haperte es gewaltig. Meinen Vornamen sollten zumindest alle Puchheimer, die sich im näheren Umfeld unseres Grundstücks aufhielten, kennen.

Mein Kinder- und später Jugendzimmer befand sich in unserem Haus direkt unterm Dach, weit abgeschieden von meinen Eltern. Da konnte ich tun und lassen, was ich wollte. Außer, wenn es Essen gab. Wir hatten keine festen Essenszeiten. Bei uns wurde gegessen, wenn es fertig war, und mitgegessen hat, wer da war. Um das herauszufinden, wurde durchs Haus gebrüllt. Da ich am weitesten vom Erdgeschoss weg wohnte, war mein Namen der lauteste. Wahrscheinlich auch der bekannteste, weil meine Eltern beide über gute Sprechorgane verfügten und die Distanz zur Straße und zur Bushaltestelle kürzer war als die zu meinem Zimmer. »Seeeeeeeiiiiimeeeen!«, hallte es dann durch das ganze Haus. Trotzdem habe ich alle möglichen Varianten, selten jedoch die richtige zu hören bekommen.

Bastis Vater kann meinen Namen bis heute nicht korrekt sagen, obwohl er mich inzwischen schon seit über zwanzig Jahren kennt. Er sagt ihn deutsch mit leichter bayerischer Einfärbung: »Siehmonn.« Bastis Mutter sagt: »Seimm«, lässt also das »men« am Schluss weg. Sie stammt aus Niedersachsen. Vermutlich sagt sie in der Kirche nach dem Gebet auch »Ahm«. Dabei spricht man meinen Vornamen englisch aus, was viele Leute nicht checken, da man ihn wie den deutschen Vornamen Simon schreibt. Und ich freue mich schon, wenn ihn einer mal richtig ausspricht. Worauf ich mich höchstens noch einlassen kann, ist Simmerl, so hat mich aber nur mein Opa, der Basti und die beste Freundin meiner Mama genannt. Ach, und »Simlaikanson«, aber so nannte mich nur eine Person. Das kam so:

Witzigerweise hatte meine Schwester einen Bekannten, der sich für besonders schlau hielt und sich partout weigerte, zu akzeptieren, dass wir Wilson, Nancy und Simon hießen, da das keine afrikanischen Namen seien. Namen scheinen sein Thema gewesen zu sein, denn er hieß mit Vornamen Thomas, mit Nachnamen Steffens, wurde aber von allen Bodo genannt. So war es nachvollziehbar, dass er sich intensiver mit Namen beschäftigte als andere. Ich machte ihm damals klar, dass er absolut recht hatte, lobte ihn für seinen Scharfsinn und verriet ihm das Geheimnis unserer wahren, garantiert original afrikanischen Namen. Wir hießen selbstverständlich in echt Wilsonlaikansa, Nancylaikansie und Simlaikanson.

Stolz nahm er diese exklusive Information zur Kenntnis, zusammen mit dem Versprechen, uns nur so zu nennen, wenn niemand anderer zuhörte. Eines Tages war meine Schwester beim Dorffest in Puchheim, und Bodo setzte sich zu ihr, als sie kurz alleine am Tisch saß. Das passierte meiner Schwester im Übrigen nicht oft, denn sie war und ist äußerst attraktiv. Genau wie mein Bruder. Die beiden haben sich die Rosinen aus dem Genpool rausgepickt, da blieb für mich wohl nur die Resteverwertung. Meine Schwester kombiniert die Schönheit meiner Eltern perfekt. Mein Bruder ist hochgewachsen, im Gegensatz zum Rest der Familie, hat den Muskelbau meines Vaters sowie die grünen Augen meiner Mama geerbt und eine in der leichtesten Form gebräunte Haut. Ja, ein Mischling mit hellen Augen und dem Körper eines Athleten. Mega unattraktiv. Meine Körpergröße bewegt sich zwischen den 157 Zentimetern meiner Mutter und den 171 Zentimetern meines Vaters. Wirklich dick werde ich nicht, dafür werde ich wohl früher oder später wie Papa eine Glatze tragen. Falls ich an dieser Stelle zu wenig Mitleid bekomme, füge ich meistens noch ein »Und den Penis habe ich von meiner Mama geerbt« hinzu.

Na ja, ich schweife ab. Bodo setzte sich also neben Nancy und flüsterte ihr mit konspirativem Blick »Hallo, Nancyleikansie« zu. »Bitte was?«, entgegnete sie ihm deutlich irritiert. »Schon in Ordnung. Ich weiß Bescheid, aber von mir wird es niemand erfahren. Simlaikanson hat mich informiert.« Mit einem Augenzwinkern stand er auf und entfernte sich rückwärts von Nancys Tisch, ohne den Blick von ihr abzuwenden. Ich glaube, das war der Tag, an dem meine Schwester beschloss, niemals in ihrem Leben Drogen zu nehmen.

14. Kapitel

Schuld und Sühne

In der dritten Klasse feiert man als braver Bayer und Katholik seine Erstkommunion. Auch das lief bei mir leider nicht ganz reibungslos ab. Frau Pöschl, Bastis Mutter, leitete die Kommunionsgruppe, nicht etwa der Pfarrer oder gar jemand von der Kirche. Nein, ehrenamtliche Helfer, in unserem Fall Frau Pöschl, die uns von den Sakramenten, Jesus und der Eucharistie erzählte. Sie stammte zwar aus Niedersachsen, aber aus einer streng katholischen Familie und hatte eines Tages ihren urbayerischen Mann kennengelernt, sie beide ergänzten sich hervorragend. Seit ihrem Umzug nach Gröbenzell hatte gerade sie sich glänzend integriert und war in allen möglichen Institutionen aktiv. Da sie auch zweimal zum Plausch bei uns eingeladen war, kannte sie die Einstellung meiner Mama zur Kirche und unseren Hang zur großen Klappe. Das Kuriose war, dass sie aus irgendeinem Grund immer ihrem Sohn die Schuld gab, besonders im Kommunionsunterricht.

Als sie zum Beispiel einmal die Frage stellte: »In was wandelt sich das gegebene Brot und der gegebene Wein bei der Kommunion?«, antwortete ich: »In das Gefühl von Sättigung im Magen und angenehmer Berauschung im Kopf«, woraufhin sie Basti mit den Fingerspitzen auf die Nase schlug und rief: »Falsch! Natürlich verwandelt es sich in den Leib und das Blut Christi. Das nennen wir *Wandlung*.« Ich baute Scheiß, er wurde bestraft.

Oder als sie fragte: »Was ist die Voraussetzung für die heilige Kommunion?«, entgegnete ich in der Überzeugung, dass es die richtige Antwort war: »Dass man vorher bei der Beichte war!« Fump! Setzte sie wieder zum Schlag in das Gesicht des armen Basti an. »Wieder falsch! Voraussetzungen sind Taufe, gefestigter Glaube und die eucharistische Nüchternheit, sprich, keine Nahrungsaufnahme eine Stunde vor Empfang der heiligen Kommunion. Aber, da hat der Seimm recht, wenn man sich einer schweren Sünde bewusst ist, soll man zuvor auch noch das Bußsakrament empfangen, da man für die heilige Kommunion frei von jeder Untugend sein muss.«

»Frau Pöschl?«, fragte ich und meldete mich mit erhobenem Zeigefinger wie in der Schule.

»Ja, Seimm?«

»Ist es eine Sünde, wenn man jemand anderen für etwas bestraft, das er gar nicht gemacht hat, und den, der es getan hat, unbestraft lässt?«

»Ich verstehe deine Frage nicht, Seimm, bestraft wird immer der Schuldige.«

Dieses Gleichnis habe ich bis heute nicht verstanden.

Es hat mich auch nicht sonderlich interessiert. Ehrlich gesagt macht man die Erstkommunion doch aus meist weniger spirituellen Gründen mit. Ganz vorne stehen doch die Geschenke und die Party danach. Und vielleicht, weil man in ein Mädchen verliebt war und sich ganz zufällig in die gleiche Kommunionsgruppe setzen ließ, die – ebenfalls rein zufällig – von der Mutter des besten Freundes geleitet wurde. Aber wer macht schon so was? Das wäre ja manipulativ! Unsere Familie hatte sowieso kein besonderes Händchen für das richtige Benehmen in der Kirche. Deshalb bekamen wir auch nacheinander alle irgendwann Hausverbot für die heiligen Hallen. Das schaffen nur die Pearcens!

Es war wirklich so! Zuerst wurde meine Mama während meiner Erstkommunion vom Herrn Pfarrer persönlich aufgefordert, ihre Mahlzeit außerhalb der Kirche zu verzehren.
Knurps, knurps, schleck, abfiesel, noch ein Stückchen am Knochen. So klang das ungefähr, wenn meine Mama an einem Hühnerbein biss.
»Mama«, sagte ich zu ihr, »du isst wie ein Schwein.«
»Ich weiß, aber so schmeckt's einfach besser.«
»Ja, aber muss das unbedingt in der Kirche sein? Die Leute schauen schon ...« Und man sieht es in der katholischen Kirche nun mal nicht gerne, wenn in der Kirche etwas anderes verspeist wird als der Leib Christi. Eine ganz einfache Faustregel: Leib Christi, ja! McCrispy, nein!
Chicken Wings in der Kirche. Das geht nicht mal in Harlem. Ein Wort gab das andere und sie bekam einen offiziellen Platzverweis. Eigentlich ungeheuerlich, schließlich ist es das Haus Gottes und da sollte jedes seiner Schäfchen Schutz finden.
Ich fand es sowieso komisch, dass wir alle Schafe sein sollten. Dieser Vergleich hinkt doch. Schafe sind komische Tiere, die den ganzen Tag mit gesenktem Haupt herumstehen, fressen, blöken und vor allem davonrennen, was ihnen fremd vorkommt. Außerdem lassen sie sich von einem Hund lenken. Wer am lautesten bellt, muss den Weg wissen. Mit denen will man sich doch nicht identifizieren!
Nun ja, zurück zum Hausverbot. Vorher wurde schon mein Vater der Kirche verwiesen, weil er eine gläubige Kirchenbesucherin anschrie und ihr eine Ohrfeige androhte. Das hatte aber einen Grund: Die ältliche Dame spritzte

nämlich mit den Worten »Zeig di, du schwarzer Teufel!« zuvor mehrmals Weihwasser auf die Glatze meines Papas, um zu schauen, ob seine Haut anfing zu rauchen oder zu Sand zu zerfallen. Eine wirkliche Unverschämtheit und eines der wenigen Male, die ich meinen Vater wütend erlebte. Besonders unglücklich daran ist, dass er der einzig tatsächlich praktizierende Christ in unserer Familie war.

Das dritte Hausverbot bekam ich selbst, und es hing wohl eng mit meiner Unaufmerksamkeit während des Kommunionunterrichts zusammen. Das Highlight in der katholischen Kirche, der große Showdown, ist die heilige Kommunion. Die Hostienübergabe, begleitet von den Worten des Pfarrers: »Der Leib Christi.« Ich aber verstand: »Wie alt bist du?«, und dachte, er wollte mit mir flirten. Da antwortete ich: »Das geht dich einen Scheißdreck an, du perverses Schwein!«

Ich fühlte mich stark wie ein Eber, da unter anderem meine Herzensdame zuhörte und ich dachte, mit dieser mutigen Antwort Eindruck schinden zu können. Blöd nur, dass der amtierende Pfarrer jenen Eber mit einer Hand hochhob und wie einen halb gefüllten Kartoffelsack vor die Tür trug, wo er ihn abstellte und die Tür von innen schloss. Der Schuss ging nach hinten los. Meine Coolnesswerte fielen wieder auf null.

Die Kommunionsparty feierten wir trotz Kirchenrausschmiss natürlich dennoch. Das Huhn war bereits geschlachtet, Papas afrikanische Freunde befanden sich schon auf dem Weg aus der Stadt nach Puchheim und außerdem standen Partys bei uns in der Familie über allem. Und so ein kleiner Kirchenrausschmiss konnte keine Party zum Platzen bringen. Praktisch war auch, dass die Flut von Afrikanern dazu führte, dass fast alle Bewohner Puchheims an diesem Tag zufällig etwas Wichtiges in der Stadt zu erledigen hatten. War damit eigentlich die Landflucht gemeint?

Wir waren also weitestgehend unter uns, ohne neugierige Blicke über den Gartenzaun. Bei einem anderen Fest verhalfen wir einem Nachbarn mit seiner Neugierde auf die »wilden Riten«, die er wohl zu erspähen hoffte, zu einer stattlichen Pferdelunge. Um nicht aufzufallen, gab er nämlich vor, »einfach nur mit dem Radl« unterwegs zu sein. Er fuhr schätzungsweise, irgendwann hörte ich auf zu zählen, vierundneunzig Mal mit langgestrecktem Hals an unserem Garten vorbei. Anschließend musste der Herr Detektiv auf der Hauptstraße links abbiegen, dann wieder links in die Parallelstraße, an deren Ende noch mal links und schließlich wieder links, um wieder in unsere Straße zu gelangen. Die er dann bis zum Ende, an dem unser Grundstück gelegen war, durchfahren musste, um noch mal langhalsig zu spähen.

Hätte er sich einfach an den Zaun gestellt und geglotzt, wären ihm Krämpfe in der Nacht erspart geblieben und einer von Papas Freunden hätte ihm sicher ein Stück Fleisch oder ein Bier vorbeigebracht. Bitte nicht von den Tieren füttern lassen …

Bei Anlässen dieser Art gab es auch immer einen gewissen »Onkel«, der sich – egal ob Taufe, Hochzeit oder Firmung – komplett zulötete und ab fünfzehn Uhr nicht mehr ansprechbar war. Die Freunde meines Vaters waren alle Onkel. Zumindest nannten wir sie so. Onkel Mike, Onkel Julius, Onkel Wole, Onkel Tony. Klar, sie waren auch alle »Brüder«, wie man unter Schwarzen gerne sagt.

Onkel Mike saß da auf seinem Gartenstuhl mit einer halb vollen Flasche weißem Rum und brabbelte irgendetwas vor sich hin. Er führte wohl noch eine Diskussion zu Ende, auch wenn sein Gesprächspartner schon lange das Weite gesucht hatte.

Der evangelische Pfarrer, Herr Funk, kam gerade des Weges und blickte über den Gartenzaun. Er freute sich wahrscheinlich, dass ich meinen Kommunionsanzug trug, und rief mir zu: »Der Anzug steht dir sehr gut, Simon, ich hoffe, ihr hattet einen schönen Gottesdienst und eine tolle Kommunion!«, woraufhin der betrunkene afrikanische Freund meines Vaters applaudierte und dem Pfarrer zurief: »Top Typ. Du bis ein top Typ! Weiß du, was i an dir mag?! Nix!«

Anschließend warf er ihm den Rest seiner Hühnerkeule entgegen. Der endgültige Ausschluss aus allen Kirchen, quasi ökumenisch, rückte näher und näher. Nachdem der Pfarrer kopfschüttelnd das Weite gesucht hatte, kam der betrunkene Mann an den Büßerplatz der Familienfeiern: den Kindertisch, in manchen Kreisen auch »Katzentisch« oder »Extratisch« genannt. Dieses kleine diskriminierende Etwas aus Plastik, das immer nach verschüttetem Apfelsaft roch. Auch wenn es gar keinen Apfelsaft gab.

Eigentlich waren sämtliche Feste, egal zu welchem Anlass, Feste für unsere Eltern. Und die Kinder wurden an diesen Straftisch gesetzt. Dort mussten sie büßen. Dafür, dass einer der Eltern nüchtern bleiben und früher nach Hause gehen musste, weil »die Kinder müde sind«. Oder einfach dafür, dass die ausschweifenden, wilden Wochenenden am Gardasee solchen Familienfeiern in vorörtlichen Gärten gewichen sind. Und hierfür wurden Kindertische erfunden. Für die, die eigentlich nicht dazugehörten, aber trotzdem irgendwo sitzen mussten. Mit den dazugehörigen viel zu kleinen Stühlen.

Bei uns galt die Regel, dass man so lange am Kindertisch saß, bis die Knie im Sitzen über die Schultern ragten. Dann hatte man ausgebüßt. Mein Bruder schaffte es mit fünfzehn, ich würde, glaube ich, heute noch am Kindertisch sitzen. Alleine. Als wir einmal einen Ausflug nach Österreich unternahmen und in einer ländlichen Gaststätte einkehrten, saß die Oma des Hauses im Nebenraum am Küchentisch und bekam eine warme Suppe zum Verzehr, was ihr gar nicht gefiel. Mehrmals klagte sie: »Muass i scho wieder in der Kuchl essen!« Noch nie habe ich so stark mit einem Menschen mitgefühlt.

Und an jenem Tag der Kommunionsfeier kam der besoffene Onkel zu uns an den Katzentisch und gab uns mit afrikanischem Akzent Tipps für »Kinder«.
»Jeder Mensch hat Hand«, sagte er und hielt zur Demonstration seines Gesagten seine Hand nach oben. »Diese Hand son Beispiel mache eine Tisch. Oder eine Srank. Oder eine Auto. Vo selbe mah nix, ist Hand, wo mah Tis oder Auto.«
Wir kapierten null die Bohne, und ehrlich gesagt verstehe ich bis heute nicht, was er uns damals sagen wollte. Ich kann aber fast seine komplette Rede trotzdem noch auswendig:
»Mahsemal Hand mahe gut Sache, manse Mal mahe Sache kaputt. Das nix in Ordnung. Besser mahe ganz als mahe kaputt. Müsse lerne Kinder. Ist wichtig for Leben später.«
Diesem letzten Satz wollte er durch Schütteln seines Zeigefingers Wichtigkeit verleihen. Leider war das zu viel für seinen rumgetränkten Gleichgewichtssinn. Ein zu heftiger Schüttler ließ ihn nach vorne kippen und beendete mit seinem mächtigen Oberkörper das Dasein unseres Kindertisches.

Ebenso ungerecht wie das Mobiliar war auch die Verteilung der Gaumenfreuden. Die Großen bekamen immer feine

Speisen, gutes Fleisch, Kartoffelbrei, verschiedene Grießvarianten, die von uns Kindern heiß begehrten Kroketten, Kartoffel-Gurken-Salat, Rindfleisch in afrikanischer Soße, Hähnchenkeulen, Mozzarella mit Tomaten und in Speck eingewickelte Datteln. Uns lief immer das Wasser im Mund zusammen, vor allem weil wir *jedes Mal, ausschließlich* und *grundsätzlich* nur Spaghetti mit Tomatensoße und Parmesan oder Reis mit scharfer Soße bekamen. Das war das Standard-Kinder-Essen. Dazu roten Früchtetee.

Von drüben wehte der Duft edelster Nahrungsmittel herüber und wir sollten uns mit schäbigen lauwarmen Teigwaren samt kaum gewürzter Soße begnügen. Meine Geschwister versuchten, mit Schreien und traurigen Blicken auf sich aufmerksam zu machen, was zu nichts führte. Ich wusste schon früh, dass man mit Gebrüll wenig erreichte, und verzichtete somit darauf, nun zumindest solange mein Temperament nicht mit mir durchging. Also trat ich kleiner Stöpsel mit meiner meist verstopften Heuschnupfen-Nase einfach vor die Erwachsenen, atmete einmal so tief ich konnte ein, damit meine Kulleraugen größer wurden, und sagte: »Hach … So viel Fleisch für so wenige Erwachsene!« Und zack!, war mein Teller so voll, dass ich ihn kaum noch tragen konnte. Meine Geschwister und die anderen Kinder waren begeistert und feierten mich wie einen Piraten nach erfolgreichem Raubzug. Neger-Babys sind ja sooooo süß.

15. Kapitel

Schwarz und weiß

Je älter ich wurde, desto selbstreflektierter wurde ich auch. Es war schon sehr sonderbar für mich, als leicht dunkel eingefärbtes Kind in einer weißen Gesellschaft aufzuwachsen. Man gehört nirgends so richtig dazu, höchstens halb, manchmal auch ganz, aber irgendwas ist immer falsch. Zu auffällig, zu laut, zu leise, zu verrückt, zu lebendig, zu frech, zu distanziert, zu aufdringlich, zu erregt, zu gedämpft, zu hungrig, zu satt, zu stürmisch oder zu verhalten.

Ich spiele eigentlich überall eine Rolle, mal das selbstbewusste Familienmitglied, mal den stets zu Scherzen aufgelegten kleinen Afrikaner, mal den mit allen Wassern gewaschenen Bayer, mal den Fußballexperten, mal den Klassenclown, mal den Frauenaufreißer, mal den Frauenversteher, mal den Herzensbrecher, mal den Kumpel. Das alles unter einen Hut zu bekommen, ist nicht leicht, gerade in jungen Jahren. Meine Familie war daher der größte Halt und sie ist es bis heute. Glücklicherweise entwickelte ich rasch ein Gespür für Leute, merkte, wenn jemand nur »so tat« oder »echt« war. Daher fand ich über die sonderbarsten Wege auch eine Handvoll wahre Freunde, die mich seither begleiten und mit denen ich, so Gott will, auch lebenslang verbunden bleiben werde. Neben meinem Schulfreund Axel und Basti hatte ich noch weitere Freunde dazugewonnen und wir wurden zu einer eingeschworenen Clique.

Im April gibt es in ganz Bayern Frühlingsfeste mit Autoscootern und Schießbuden. Als Jugendlicher ist es ein gesellschaftliches Muss, dort hinzugehen, vor allem leidet man wie ein junger Hund unter dem ständigen Testosteronüberschuss und denkt von früh bis spät an Frauen und Sex. Und wo gibt es fröhliche Frauen, möglicherweise angetrunken und daher williger und ungehemmter? – Richtig! Auf Volksfesten! So fanden Basti und ich uns im Alter von vierzehn Jahren auf dem Frühlingsfest in Olching ein und warteten auf den Rest unserer Gruppe. Wir hockten uns auf die Treppenstufen vom Autoscooter-Fahrgestell und wippten vor uns hin, obwohl schlechte Discomusik lief und kein Hip-Hop. Auf einmal kamen drei Türken vorbei, die ich nur vom Sehen kannte. Einer blieb vor Basti stehen und behauptete, dass er seine Jacke tragen würde, und forderte deren Herausgabe. Basti beteuerte, er habe die Jacke von seinen Eltern zum Geburtstag geschenkt bekommen, woraufhin der aggressive Türke ihn am Kragen packte und ihm mit der Faust ins Gesicht schlug.

Die anderen beiden waren eher die Mitläufer und unterstützten ihren Schlägerfreund mit aufmunternden Zurufen: »Er ist ein Dieb. Schalag ihn. Er hat die Jacke geschadohlen! Schalag ihm in die Fresse, diesem Hurrensohn.«

Ich war völlig perplex. Zum ersten Mal war ich in eine Schlägerei geraten.

»Jetzt hör halt auf!«, sagte ich ziemlich unbeholfen, woraufhin der nervöse Tschabo mir ebenfalls einen Faustschlag verpasste. Hier passierte nun etwas sehr Erstaunliches. Der eine Türke, dessen Name übrigens Ufuk war, legte seine Hand auf die Schulter seines prügelnden Kumpans, zeigte auf mich und sagte: »Lass ihn, er ist unser Bruder.«

Konsterniert musterte mich der aggressive Türke, ließ augenblicklich von Basti ab, zog die Oberlippe nach oben und machte die Augen klein, wie es ältere Leute manchmal machen, wenn sie etwas akustisch nicht richtig verstanden haben, und fragte: »Er ist Bruder?«

Ufuk bestätigte: »Ja. Bruder.«

Das war wie ein Zauberspruch, denn der brutale Kerl nickte, gab den anderen ein Zeichen und trabte davon. Der an der Lippe blutende Basti sah ihnen schwer atmend hinterher. Total absurd, das Ganze. Basti war weiß, ich war schwarz, er war das Opfer, ich der Bruder. Das gab mir lange zu denken.

16. Kapitel

Trunken

Als ich an diesen Frühlingsfestbesuch dachte, wurde mir ein bisschen mulmig beim Gedanken an unseren kommenden Familienausflug. Wir fuhren nämlich auf die Wiesn, aufs Oktoberfest nach München. Also auf das größte Volksfest der Welt. Ich fragte mich, wie viele Prügeleien dort wohl stattfinden würden.

Ich war fünfzehn und mein Vater war der Meinung, dass es an der Zeit wäre, sich gemeinsam mit der Familie ein paar Biere einzuverleiben. In Tracht. Der Edi hatte uns ausgestattet und jedem ein edelstes Gewand für einen äußerst fairen Preis verpasst. Mein Bruder trug eine coole Kurzlederne, also eine Lederhose, die über den Knien endet, meine Schwester ein unverschämt süßes himmelblaues Dirndl, ich eine feine Kniebundlederhose aus Hirschleder, mein Vater eine Ziegenlederhose samt weiß-blauer Weste (klaro, Sechzger) und meine Mutter ein klassisches Dirndl in Lindgrün mit schönem Dekolleté. An diesem Nachmittag waren wir wirklich eine bayerische Vorzeigefamilie.

»Swei Radla unn drei normale Mass, Schatzi«, flirtete mein Papa die stämmige Bedienung an. Die Radler waren für meine Schwester und mich, die normalen Biere für meinen Bruder und meine Eltern. »Un drei Hännl mit drei Breze.« Die Hendl teilten wir uns. Das Essen und die Biere kamen rasch, es schmeckte selbstverständlich hervorragend. Als die Bedienung die Teller abräumte, sah sie diese ungläubig an. Auf dem

Teller lagen, fein säuberlich aufgereiht, achtundvierzig blitzeblanke Hühnerknöchelchen. Ein Stillleben. Mein Vater war bestens gelaunt und orderte gleich weitere Biere. Diesmal kein Radler. Er sagte: »Bring uhs bitte no drei Biere, aber diesma bitte mit Saum nur oben. I freu mi sehr, dass Sie mein Arme nikt so viel belaste wolle, aber bitte saum, wo hingehört, und nieh wie vohe halbe Glas volle Saum.«

Er lachte sein sehr hinreißendes Lachen und die Bedienung hatte Freude an seiner humorvollen und äußerst diplomatischen Art, auf die schlecht eingeschenkten Biere hinzuweisen. Wir wurden eingesogen in einen wunderbaren familiären Wiesnrausch.

Damals trugen noch wesentlich weniger Leute als heute Tracht auf dem Oktoberfest und wir waren offensichtlich eine besondere Attraktion im Zelt. Der Leadsänger der Band bat meinen Papa auf die Bühne. Er solle doch bitte einmal »Ich kauf mir lieber einen Tirolerhut« mit der Band zusammen performen. Ich war erfüllt von Stolz. Mein Papa auf der Bühne und das komplette Zelt jubelte und johlte. Was ich damals nicht wusste, war, dass der aus Trinidad stammende, dunkelhäutige Jazztrompeter Billy Mo den Schlager in den 1960er-Jahren sang. Ich war nur voller Freude, und das Bier schmeckte erstaunlich gut.

»Haben Sie auch so Emmentaler-Würfel?«, fragte mein Vater und sprach, seitdem er zurück war, plötzlich völlig ohne Akzent. »Ich glaube, so ein paar hübsche Knabbereien wären jetzt genau das Richtige für meine kleine Rasselbande!«

Wie war das möglich? »Was für ein Tach, Kinners! Und ein Wetterchen haben wir heute, einfach astrein!«

Ich schaute meine Geschwister verdutzt an. Papa redete wie ein Norddeutscher. Hatte er uns all die Jahre hinters

Licht geführt? War er in Wirklichkeit ein Preuße? Oder war nur das Bier von dermaßen hoher Qualität, dass es unseren Vater in einen Preußen verwandelte? Mir fiel aber auch auf, dass nur ich verdutzt guckte ... Lag es womöglich an mir? Meine Geschwister und meine Mutter bemerkten die seltsame Metamorphose meines Vaters nicht.

»Lass uns ein Liedchen singen«, flötete Papa. »Hoch auf dem gelben Wahahgen ...«

Ich war das erste Mal betrunken und mein Rausch schien als Übersetzungsmaschine für den Dialekt meines Vaters zu funktionieren.

Diese Unmengen an Flüssigkeit wollten auch wieder aus meinem Körper raus und da meine Schwester auch musste, machten wir uns zusammen auf in Richtung Toilette, die sich genau am anderen Ende des Zeltes befand. Ich hatte mal den Film »Das Boot« gesehen und merkte, dass ich ebenso unsouverän über die Holzplanken des Festzeltbodens wackelte wie Grönemeyer, Prochnow und Ochsenknecht durch den Bauch der U96. Plötzlich sprangen mir zwei Italiener in feinsten Plastiklederhosen, weißen T-Shirts und grauen Oktoberfestfilzhüten entgegen. Ihre Gucci-Sonnenbrillen hatten sie sich von den stark geröteten Augen gezogen.

»Eh, bella. Wheree areee youee frooom, ee?«

Ich gebe zu, dass sie nicht mir entgegensprangen. Sie hatten meine Schwester im Visier. Ich war lediglich in der Schussbahn und trotz des offensichtlich ausreichenden Genusses von Zielwasser landeten sie, Arm in Arm, etwa fünf Zentimeter vor meinem Gesicht. Ich konnte jeden einzelnen Bissen vom Steckerlfisch aus ihrem Atem riechen.

»From here«, sagte meine Schwester und ihre Augen waren auf Flirt gestellt. Bitte nicht, dachte ich mir.

»We work at the toilets«, schob ich noch nach und, um zu zeigen, dass wir wieder zurück zur Arbeit mussten, tippte ich auf meine imaginäre Armbanduhr.

»Ah e, you frome Muniche and work on vacanza?«

»No, no«, sagte meine Schwester und atmete bezaubernd durch die Nase aus, während sie ihre Augen aufschlug und den Kopf gespielt verschämt zur Seite drehte.

»No, no«, fiel ich ein, »we work here to make money and then we go back home to support our family.«

»Ah, you from Africa!«

»No, from Sweden«, wehrte ich gespielt empört ab und schob »from the South of Sweden« nach, was den beiden wohl reichte, um sich unseren Teint zu erklären.

»Auf'd Seitn, blääde Touristen«, raunzte mir eine heisere Stimme in den Nacken und eine grobe Hand schob mich unsanft gegen die Absperrung. Ein dicker torkelnder Bayer versuchte, sich so in all seiner Eleganz Platz zu machen. Er musste wohl auch recht dringend zum Pieseln.

»I bin koa Tourist und selbst wenn, ko ma des a freindli sogn!«, gab ich zur Antwort.

»Des gibt's ja ned, a boarischer Nega, des duat ma leid! Oiso mein Ton, ned du. I bin da Jorgos, a boarischer Grieche!«

»Grias de, i bin a boarischer Bayer und i geh jetzt mit zum Pieseln. Die Italiener nerven!«

»I aa«, stimmte meine Schwester ein und der Grieche und die beiden Südschweden ließen die verdutzten Italiener in ihrer Plastiktracht zurück.

Auf dem Rückweg von der Toilette schien sich unsere Geschichte rumgesprochen zu haben. Den ganzen Weg wurden meine Schwester und ich von Jubelstürmen und Pfiffen begleitet. Als wir wieder bei der Familie ankamen, wurde schnell klar, woher die Begeisterung rührte.

»Ah, Schwesterherz, willst du dir ne Mark dazuverdienen, oder war dir einfach nur warm?«, sagte mein Bruder lachend und zog meiner Schwester am Dirndl.

Nancy hatte wohl im Eifer des Gefechts ihr Dirndl nicht richtig angezogen. Die Hälfte davon steckte in ihrer Unterhose fest, sodass sie mit einer entblößten Pobacke einmal komplett durch das prall gefüllte Festzelt gelaufen ist. *There's No Business Like Show Business*. Wir wollten plötzlich ganz schnell nach Hause. Warum auch normal feiern. Aber was für ein herrlicher Ausflug!

17. Kapitel

Kein richtiger N...

Für einen Jugendlichen gibt es nicht viele Möglichkeiten, das Taschengeld aufzubessern. Genau gesagt stehen drei Tätigkeiten zur Verfügung: Zeitungen austragen, Gebäude reinigen oder am Wertstoffhof jobben. Ich entschied mich für Letzteres und arbeitete zweimal die Woche am Wertstoffhof Puchheim, zusammen mit meinem urbayerischen Vorgesetzten Kurti: Schnurrbart, Hut, Bierbauch. Schon in der ersten Brotzeitpause erklärte mir Kurti: »A Bierbauch darf übrigens nur dann Bierbauch heißen, wennst dein Bier auch darauf abstellen kannst«, und parkte mit diesen Worten seine Augustinerflasche auf seinem medizinballgroßen Vorbau. Freihändig. Also, wenn ich mal dick werden würde, dachte ich mir, dann wenigstens so stolz wie Kurti. Er hatte generell viele Lebensweisheiten für mich. Na ja, weitestgehend waren es Trinkerweisheiten, mit denen er sich wohl selbst seinen Lebenswandel schönredete. »Simon, jeden Tag besoffen ist auch ein geregeltes Leben!« In der Sache hatte er damit wohl recht, aber ein normales geregeltes Leben ist ziemlich sicher gesünder für die Leber. Oder: »Simon, pass auf, i sog dir jetz wos. Lieber ein stadtbekannter Säufer als ein anonymer Alkoholiker.«

Stimmt, anonym hat er seine Trinkerei nicht betrieben. Im Gegenteil, öffentlich zur Schau gestellt hat er sie. Kurti war auch so gut wie jeden Abend in der Puchheimer Bürgerstuben anzutreffen, wo er sein geregeltes Leben pflegte. Es sei denn, er fastete. Einmal im Jahr nahm er sich einen Monat frei vom Trinken. Nicht unbedingt in der Fastenzeit, nein, den Zeitraum wählte er selbst und erzählte es auch jedem, der es nicht hören wollte. Eines Tages ging ich, während Kurtis Fastenzeit, mit ein paar Freunden in die Bürgerstuben, um mir mal wieder, unter großem Gejohle meiner Freunde, einen »Neger« zu bestellen. Das hatte ich mir vom Edi behalten. In der Ecke sah ich Kurti vor einer Maß Bier hocken, was, wenn man bedenkt, dass er doch Alkohol fasten wollte, eine ganz schöne Menge war. Ziemlich genau ein Liter zu viel. Ich ging zu ihm hinüber und fragte, ob er denn vergessen habe, dass er eigentlich einen Monat nichts trinke.

Seine Antwort war knapp und logisch: »Simon, ich bin einfach nicht dazu gekommen!« Seine Zunge schien mehrere Kilogramm zu wiegen, woraus ich schloss, dass das nicht seine erste Maß Bier war. Der Arme ist nicht dazu gekommen, nichts zu trinken. Terminkalender können schon etwas Tückisches sein. Immer kam ihm etwas dazwischen. Durst, nehm ich an.

Da ihn der Biergenuss mit der Zeit etwas träge gemacht und er immer einen Schüler zur Seite hatte, beschränkte Kurti sich während der Arbeit darauf, Aufsicht zu halten und klug daherzureden. Das Arbeiten selbst überließ er uns Jungen. Es war auch wichtig, dass einer aufpasste, weil es seit einer Weile ein Gesetz gab, das verbot, Schrott vom Wertstoffhof zu entwenden. Warum, verstehe ich bis heute nicht. Als Kind machte ich nichts lieber, als alten Müll vom Wertstoffhof einzusammeln, den wir damals »Sperrmüll« nannten. Wir luden alles in unsere Schubkarre und zu Hause bauten wir daraus Raumschiffe, Seifenkisten oder irgendwelche Fantasieskulpturen. Mit diesem Gesetz wurde diese Möglichkeit allen folgenden Generationen genommen.

Darauf passte im Besonderen auch Kurti auf. Ganz in der Tradition der Familie: Sein Vater war noch Blockwart und Kurti immerhin Schrottwart.

Eines Tages kamen drei Afrikaner vom Asylantenheim und wollten sich einen alten Fernseher vom Elektroschrott mitnehmen. Da wurde der Kurti wach. Wie ein Nilpferd auf zwei Beinen stürmte er mit seinem Besen los und verjagte die armen Kerle vom Wertstoffhof. »Schleichts eich, Gschwerl, schaut's, dass weida kemmts!« (Übersetzung: »Verschwindet, ihr üblen Gesellen, seht zu, dass ihr Land gewinnt!«) Wütend und erschöpft kam er zu mir zurück. »A Frechheit, glaum da, sie kenna mir mei Graffi grampfa!« (Übersetzung: »Eine Unverschämtheit, diese Leute denken wohl, sie können mir hier Gegenstände entwenden!«), sagte er zu mir. Ich war mir direkt sicher, dass die Einhaltung der Gesetze nicht seine Hauptmotivation war. Und ich sollte recht behalten. Auf dem Rückweg von seiner Säuberungsaktion gab mir Kurti einen kurzen Einblick in seine Einschätzung der Migrationspolitik. Eigentlich hatte der Kurti von nix eine Ahnung, glaubte aber, alles zu wissen und ständig seinen Senf dazugeben zu müssen. Ein bayerisches Lexikon war der Mann.

»Etz sog i da amoi was. Mei! Simon, etz sog i da amoi was! Des glaubst du ned, was da an ganzen Tag für a Gschmoaß umanandalaft! Die woin doch nur ihr Wohnung umsonst eirichten. Dafür san ma mir aber ned da, mir san a Wertstoffhof und koa Selbstbedienungsladen. Schaugs dier doch amoi o: Kanaken, Muslime, Tschuwaschen, Zigeiner, Batschukken. Dazua de ganzen Näger, des frevlerische Zeig, was da zu uns rüberschwemmt. Nix als Verderben bringen die uns. Und Scherereien. Überleg amoi! Was ham uns die Neger bracht?! Sag amoi! Was ham de uns bracht? I sags dir: an

Aids, an Hepatitis, die Schweinegrippe. Des ois. Und jetzt klauns uns die Fernseher weg. Na wirkle ned!« (Übersetzung: »Ich will dir mal etwas sagen, Simon. Du kannst dir nicht vorstellen, was sich hier den ganzen Tag für ein Gesindel herumtreibt. Diese dreisten Personen denken wohl, sie könnten sich hier gratis ihren Hausstand abholen. Aber weit gefehlt, dies hier ist ein Recyclinghof und kein Selbstbedienungsgeschäft. Sieh dir diese Leute doch nur einmal an: Kanaken, Muslime, Tschuwaschen, Sinti und Roma, Batschaken. Hinzu kommen noch all die Neger, jener kriminelle Kram, der in unserem Land Unterschlupf sucht. Diese Menschen bringen uns Unheil und Beschwerlichkeiten. Denk doch einmal nach: Was haben uns die Neger beschert? Aids, Hepatitis, Schweinegrippe, all jene Krankheiten. Und nun stehlen sie unsere Fernsehgeräte. Aber ohne mich!«)

Hui, diese Art des Vortrags war mir neu!
»Äh, Kurti ... Du woaßt aber scho, dass ich ... also äh ... auch a *Neger* bin«, versuchte ich ihn in meinem milden Bayrisch ein bisschen zur Vernunft zu bringen.
»Ah, geh weida, Simon, du bist doch koa richtiger Neger!« (Übersetzung: »Ich bitte dich, Simon, du bist doch kein richtiger Neger.«)
Autsch. Das hatte gesessen. Kein richtiger Neger. Kein richtiger Bayer, okay, damit habe ich mich mittlerweile arrangiert, aber das.

In Meyers Großem Konversations-Lexikon steht:

Der Neger zeigt krauses, in Büscheln wachsendes Haar (sogenannter Pfefferkorntypus), wulstige und aufgeworfene Lippen, Mund breit, Kinn spitz, breite abgestumpfte

Nase, Augen relativ klein, tiefbraun oder schwarz, dunkle Augenhöhlen, ein stark vorgebautes Kinn mit schräg nach vorn gestellten Zähnen auf. Sein Körper ist schmächtig, oft von erschreckender Magerkeit. Die hellbraune bis grünlichgelbe Haut faltenreich und trocken; charakteristisch ist der Hängebauch und die Neigung zur Fettsteißbildung (Steatopygie). Bart sehr schwach. Kopfform dolichokephal. Stirn schmal, gewölbt, vorstehend, Jochbeine breit. Nase kurz, an der Basis breit, an der Wurzel eingedrückt, immer platyrrhin. Beine dünn, Hände und Füße klein. Sprache agglutinierend mit Postfixen, mit grammatikalem Geschlecht und andern bemerkenswerten Eigentümlichkeiten (Schnalzlaute). Die eigentlichen *Buschmänner*, die dem Aussterben nahe sind, stehen auf einer äußerst niedrigen Kulturstufe.

Ich denke nicht, dass Kurti das gelesen hatte, geschweige denn überhaupt jemals ein Lexikon in der Hand hatte. Nein, ich glaube, er sagte mir das nur, weil er mich *tatsächlich* für seinesgleichen hielt, ich war in seinen Augen *wirklich* kein richtiger Neger. Ich sprach Bayrisch, trank Bier und war einfach der Simon. So gar nicht seinem Bild eines wilden Schwarzen entsprechend. Ich muss sagen, der Stachel saß tief. Da fand ich langsam meine Identität, um mir dann von einem Kerl namens Kurti sagen zu lassen, ich sei »kein richtiger Neger«! Ich aß mit Besteck, war, zumindest im Verhältnis zu ihm, fleißig und entsprach auch sonst wenig bis keinem seiner Klischees. Aber damals weckte er einen Ehrgeiz in mir. Dem werd ich's zeigen.

18. Kapitel

Original Gangsta

Was macht eigentlich einen richtigen Neger in den Augen eines durchschnittlichen bayerischen Bundesbürgers mit geregeltem Einkommen und durchschnittlicher Bildung aus? Was erwarten sie, wenn sie einen dunkelhäutigen Menschen sehen, der offenbar hier lebt? Ist er in ihren Augen ein Meister im Speerwurf? Spielt er Basketball? Trommelt er lässig auf einer Konga rum? Tanzt er Samba? Verkauft er Lederhüte und Muschelketten? Trägt er einen feinen weißen Anzug und arbeitet als Barchef in einer Cocktailbar? Ist er Hotelmanager? Lungert er in Parks herum und vercheckt Marihuana? Hängt er mit einem Ghettoblaster und Kumpels vor einem Kiosk oder einer Imbissbude rum und pfeift allen vorbeilaufenden Frauen hinterher? Sitzt er vor seiner Hütte und trinkt Bier? Nein, denn das tun ja viele Bayern im Voralpenland. Oder was denken sie über schwarze Frauen? Schieben die ständig drei Kinderwagen mit achtzehn Schratzen durch die Innenstadt? Balancieren sie einen Tonkrug auf dem Kopf? Rennen sie daheim nur mit einem Lendenschurz umher? Tragen sie in ihrer Freizeit riesenhafte Ohrringe, goldenen Halsschmuck, bunte Gewänder und einen Nasenring? Arbeiten sie seit Generationen in Toilettenhäuschen? Verkaufen sie Bananen, Melonen und Ananas? Stammen sie aus einem alten afrikanischen Adelsgeschlecht und sind stinkreich? Machen sie Voodoo? Singen den ganzen Tag Gospellieder?

Ich überlegte tagelang, warum mir Kurti gesagt hatte, ich sei kein richtiger Neger. Ich traute mich aber auch nicht zu fragen, wie er ihn sich denn vorstellte. Es war Anfang der 90er-Jahre. Was musste ich tun, damit der Durchschnittspuchheimer erkannte, dass ich ein echter war? Hühner hatten wir keine mehr, und ich wollte auch keine nigerianischen Sätze mehr erfinden. Wem konnte ich nacheifern, um als richtiger »Black Boy« akzeptiert zu werden? Also überlegte ich, wie wir in der Öffentlichkeit, also in den Medien, repräsentiert wurden: 1992 fand die Olympiade in Barcelona mit dem ersten Auftritt des NBA-Dream-Teams statt. Die Basketballnationalmannschaft der USA! Basketball war schwer im Kommen und wenn jemand aussah wie ein Prototyp eines N..., dann wohl diese Kerle! So wollte ich auch aussehen! Dann würde man mich in Puchheim als »echt« akzeptieren! Holy shit, waren die Jungs cool! Charles Barkley, Michael Jordan, Magic Johnson. Das waren krasse Athleten, mit Muskeln am ganzen Körper, super Basketballer und riesengroß.

Tja, da hatte ich ein Problem. Mit der Körpergröße war es bei mir ja nicht so weit her. Ich hatte eher die Größe und die Figur eines zierlichen Pferdejockeys statt eines furchterregenden Basketballspielers. Also spielte ich vorerst weiter Fußball, da war ich auf dem Platz immerhin als afrikanischer Fußballer gefürchtet. Zumindest bis mich die Gegner wirklich haben spielen sehen. Aber ich wollte nicht auf dem Fußballplatz als »richtiger N...« anerkannt werden, sondern im Leben, von durchschnittlichen Kurtis.

Ich musste also weitersuchen. Wie konnte ich mich noch als Neger qualifizieren? Als Kind dachte ich oft, dass es möglicherweise meine Lebensaufgabe, mein Los und mein Schicksal sei, alles richtig und gut zu machen. In meiner eigenen Wahrnehmung verhielt ich mich eigentlich immer korrekt, rutschte aber trotzdem immer sofort wieder in den nächsten Schlamassel. Manchmal bin ich natürlich auch extrem ungeschickt.

Doch auf einmal geschah etwas Unerwartetes. Aus den USA schwappte nämlich Anfang der 90er-Jahre die Hip-Hop-Gangster-Bewegung nach Europa. Jeder, der cool sein wollte, hörte plötzlich Rap. In den 80er-Jahren gab es ein paar Spezialisten, die sich mit Breakdance und Graffiti beschäftigten, außerdem gab es natürlich ein paar erfolgreiche Bands und Solo-Rapper. Aber auf einmal gab es diese Welle mit Konzerten, Filmen und Alben, und diesmal schien ich genau zur rechten Zeit am richtigen Ort zu sein. In gewissen Kreisen wurde ich gerade als Schwarzer besonders gefeiert.

Das durfte ich bereits auf dem Volksfest, zum Glück für Basti, ziemlich deutlich merken. Überall sah man plötzlich »Brothers« im Fernsehen. Es gab Gangsterfilme wie »Boyz n the Hood« oder »Menace II Society« und die Gangster-Rapper Eazy-E, Ice Cube, Ice-T, Snoop Doggy Dogg waren schwer im Kommen. Lauter extrem lässige Burschen. Und ich dachte mir: »Ja, Mann, ich werd einfach ein gottverdammter Gangster, dann werde ich wirklich von allen als richtiger ›Black Bad Guy‹ akzeptiert.«

Der erste Schritt auf dem Weg, ein richtiger Gangster zu werden, bestand in einer modischen Veränderung. Equipment war leicht zu bekommen. Weite Klamotten hatte ich, weil ich sowieso die abgetragenen Kleider meines Bruders tragen musste. Und weite Klamotten waren das Wichtigste. Kapuzenpulli in Übergröße, ebenso die Hose, die man im

Übrigen in den Kniekehlen trug. Ursprünglich war das eine Art Hommage an den Knastlook, weil die Gürtel der Insassen oft früh konfisziert wurden und die Hosen somit etwas tiefer hingen. Turnschuhe und meistens noch eine seltsam aufgesetzte Baseballcap. Manche trugen sie rückwärts, manche schräg, manche setzten sie nur leicht auf ihren Kopf auf, sodass es so aussah, als hätten sie eine extrahohe Stirn.

Wieder andere zogen ihre Caps so tief ins Gesicht, dass sie immer den Kopf in den Nacken legen mussten, um ihrem Gegenüber überhaupt ins Gesicht blicken zu können. Im Nachhinein betrachtet ein ziemlich lächerlicher Auftritt. Aber als Jugendlicher fühlte ich mich cool und gefährlich. Ein weiterer wichtiger Punkt war die richtige Art, sich zu bewegen. Eigentlich ganz leicht. Man muss ein bisschen so gehen, als würde man hinken, damit die anderen denken, man käme gerade frisch verwundet aus einer Schießerei. Wobei Schießereien bei »Gangstas« nicht wie im Western vor dem Saloon stattfanden, sondern in geilen Autos. Beim Drive-by. Also wenn jemand aus dem heruntergekurbelten Fenster eines vorbeifahrenden Autos erschossen wird.

Als ich das erste Mal mit der »tiefergelegten« Hose fortging, fiel mir auf, dass ich diesen Gang überhaupt nicht imitieren musste. Er funktionierte von ganz alleine, weil die Hose so tief hing, dass man stets darauf achten musste, dass sie nicht hinunterrutschte.

Eine Hand trägt man immer ganz lässig vor dem Sonnenchakra. Also Solarplexus. Da, wo sich die Wunden der echten Gangster befanden, nachdem sie angeschossen wurden. Ich fragte mich immer, was das soll, aber die Erklärung ist eigentlich ganz einfach: Als Gangster bewegt man sich in Gangsterkreisen. Weil die Hose hängt und damit theoretisch der Geldbeutel gefährlich einladend für andere Gangster freigelegt ist, kauft man sich logischerweise einen ... Brustbeutel! Das Uncoolste, was man haben kann, aber eben praktisch. Damit ihn keiner bemerkt, muss man ihn eben festhalten, damit er nicht so baumelt. Das leuchtet mir absolut ein. Auch meine Mutter fand das logisch, so besorgte sie mir den Brustbeutel. Da sie meinen Aufzug damals genauso lächerlich fand wie ich heute, mich aber in meiner Entwicklung nicht direkt kritisieren wollte, griff sie zu einer relativ geschickten Erziehungsmethode. Dem Spiegel. Was aber nicht hieß, dass sie mich selbst im Spiegel betrachten ließ, nein, sie war der Spiegel.

Meine Mama kaufte sich ähnliche Klamotten wie ich und lief auch hinkend mit nach hinten gestellter Baseballcap durch Puchheim. Sie begann auch jeden Satz mit »Yo«. Nur, um mich zu ärgern, aber ich ließ mich davon nicht beeindrucken. Ich war jetzt ein Gangster und stand über den Dingen. So gangsterte ich also durch Puchheim und fühlte mich gefährlich, obgleich ich immer hoffte, nicht auf meine Mama zu treffen.

Begegnete ich Menschen, lachte ich leicht verächtlich in mich hinein. Solche armseligen Gestalten! Doch da das erste Hindernis: eine Ampel. Was macht man als Gangsta in solch einer Situation? Aus meinem früheren Leben wusste ich: Rot heißt stehen bleiben, Grün heißt gehen. Megaeinfach. Aber das war Geschichte. Ich hatte mich entschieden. Ich war ein Gangsta. Ich stellte mir einige Fragen: »Bin ich ein Gangster und scheiß auf das System? Dann geh ich einfach bei Rot rüber. Ich lass mir doch nicht vom Staat vorschreiben, wann ich gehen darf und wann nicht!

Oder ist es anders? Bin ich ein cooler, entspannter Gangster wie Snoop Dogg? Muss ich stehen bleiben, weil ich nicht gehetzt aussehen darf wie so ein Businesswichser? Scheiß ich auf das Diktat der Zeit von Babylon?!«

Solche Gedanken machen dich kaputt. Ich bekam regelmäßig Nasenbluten an den Straßenübergängen. Das war wie ein Kurzschluss im Gehirn. Eine Schleife. Ich brauchte dringend jemanden zum Reden, musste mir professionelle Hilfe holen. Wo gab es viele andere Gangsta? Klar, im Freizeitheim! In Puchheim nannte man das »Jugendzentrum«. Dort konnte ich in die Gangster-Lehre gehen. Durch meine Hautfarbe hatte ich auch ein paar Sympathisanten bei den Kapuzenpulli- und Baseballkappen-Trägern, wo immer ein Ghettoblaster mit hartem Hip-Hop lief, geile Musik, coole Rapper, eingängige Beats. Diese Clique bestand zu fünfundsiebzig Prozent aus Türken, der Rest waren Jungs aus dem Balkan, Afghanistan und Ägypten, zwei Mädchen aus Rumänien, und alle wollten am liebsten schwarz sein. In Hip-Hop-Kreisen keine schlechte Grundvoraussetzung. Sie standen immer extrem cool da und wippten mit den Köpfen zum Sound, ein Automatismus bei Rap- und Hip-Hop-Grooves. Man ist grundsätzlich »gechillt« und spricht nur das Nötigste. Dazu erklären amerikanische Künstler wie ICE-T oder Tupac, wie die Welt funktioniert. Eine Rasselbande, bestehend aus zusammengewürfelten Randgruppenmitgliedern, die rumhingen, rauchten, kifften, rappten. Ich stellte mich dazu und rauchte, kiffte und rappte. Einer sagte: »Los, lass uns bisschen losziehen und Scheiße bauen!« Ich wollte gerade ein zustimmendes »Yo!« loswerden, da schwirrte in meinem Hinterkopf herum: »Simon, du darfs keine Seiße bauen …eiße bauen …eiße bauen …« Es hallte wie in einer Kirche. Ich wollte ihm nachrufen: »Aber Papa, ich will doch mit den Gangstern rumhängen und dazugehören!« Wieder das

Gesicht von Papa vor meinem geistigen Auge: »...eiße bauen, ...eiße bauen ...«

Ein gut erzogener Gangster mit hohen moralischen Standards, der nichts Unrechtes tun will. Das kann heiter werden.

Ich verdrängte jene Vision, versuchte einfach dazuzugehören und nahm einen kräftigen Zug vom Joint. Aaaah, das tat gut! Danach besorgte jemand Bier, und wir marschierten quer durch das Puchheimer Ghetto, das, wie es sich für ein Ghetto gehört, aus lauter Hochhäusern besteht. Aber eben nur zwei Straßen groß ist. Es war ein chilliger Abend. Ich und meine Gang in meiner Hood. Also in ihrer Hood. Ich musste später wieder zurück in unser Haus. Wir waren Gangster und wussten, was wir wollten. Zumindest bis zum nächsten Abendessen.

Ich ging so gut wie jeden Tag zum Jugendhaus. Man akzeptierte mich dort. Fast. Es gab nur eine kleine Aufnahmeprüfung, die musste ich bestehen, um »Original Gangsta« werden zu können: Ich sollte ein Graffiti an eine Wand hinterm Penny-Markt sprayen. Einer unserer Jungs hatte letzte Woche »Fuck the Police« an die Wand vom Schlecker-Drogeriemarkt gesprüht, ich musste mir was anderes, schweinscooles ausdenken. Unter meinen neuen Kumpels waren auch drei wirklich hübsche Mädchen mit Baseballcaps und Sneakern, die mich aber zunächst noch nicht recht beachten wollten. Mein Graffiti würde sie verzaubern. Die anderen Kerle wären womöglich nicht begeistert, wenn ich ihnen ihre süßen Schnitten abziehen würde, aber so ist nun mal das Leben. Es gibt Checker und Vollchecker. Ich war schlau, sah super aus und hatte afrikanische Wurzeln. Es wäre doch gelacht, wenn ich hier nicht punkten konnte.

Ich überlegte einige Tage, denn ich musste meine Erziehung mit meinen Gangsterambitionen unter einen Hut bekommen. Dann fiel mir ein pornomäßig freches Graffiti-Motiv ein! Das war es, damit würde ich sie alle kriegen. Die ganze Blase. Sowohl die Muchachos wie die Chicas. So zog ich eines Morgens vor der Schule frohen Mutes mit dem Wasserfarbkasten los und malte »Freundschaft ist das höchste Gut« an die Wand hinter dem Supermarkt. Das hatte ich mir vorher gut überlegt, die konnte man im Zweifelsfall einfach wegwaschen. Ich versuchte, einen völlig neuen, eigenen Stil zu kreieren, da mir klar war, dass jede Form von Plagiat anderer Styles mein Ansehen in der Underground-Sprayer-Szene ganz bestimmt schmälern würde. Leute, die Schriften oder »Tags« von Kollegen kopierten, wurden »Biter« genannt und waren »raus«. Das konnte ich keinesfalls riskieren und überlegte mir, dass es vermutlich besonders locker rüberkam, wenn ich das Teil in Schreibschrift malte. Yo! So wie in der Grundschule. Oldschool. Ich nannte meine neu erfundene Kunstform »Aquabombing«.

»Junge, was los mit dir?«, fragte Attila, einer der Anführer, als ich ihm am Nachmittag stolz mein kleines Meisterwerk präsentierte. »Du sollst Graffiti machen und keine Sprüche fürs Poesiealbum. Verpiss dich von der Wand und chill ein bisschen.«

Scheiße. Dabei war ich überzeugt, der Spruch käme gerade bei Attila besonders entspannt rüber. Es war individuell. Ich war mir sicher, dass kein Gangster auf der Welt so etwas jemals gesprayt hatte. Und Zusammenhalt war doch auch das höchste Gut für Gangster. Aber gut, ich tat also wie geheißen, bin von der Wand weggegangen, hab etwas gechillt und mir eine Zigarette angezündet. Cooler konnte man gar nicht chillen. Ich fühlte mich wie in einem Rap-Video in einer verrauchten Straße in Harlem. Ich nickte imaginären Gangster-Kollegen zu, setzte mein bösestes Gesicht auf und zog mit einer unglaublich coolen Handhaltung an meiner Zigarette. Dachte ich zumindest. Es galt zu der Zeit als cool, die Zigarette zwischen Daumen und Zeigefinger geklemmt zu halten, während die restlichen Finger gerade von der Hand weggestreckt wurden.

Als ich sie fertig geraucht hatte, schnippte ich sie weg. Fuck the System! Aber im gleichen Moment fiel mir auf, dass das umweltmäßig komplett daneben war und die anderen Jungs und Mädels mich bestimmt für unkultiviert hielten. Also sprintete ich hinter der Kippe her, trat sie ordentlich aus, hob sie vom Boden auf und sah mich um, wo ich sie wegwerfen konnte. Leider fand ich keine graue Restmülltonne, in die Tabakabfälle bekanntlich entsorgt wurden. Zur Not hätte es auch eine braune Tonne getan, in die normalerweise Bioabfälle hineingehörten, aber man musste nicht päpstlicher sein als der Papst.

Zum Glück stand in der Nähe ein »allgemeiner«, silberner, öffentlicher Abfalleimer! Ich sprintete gechillt rüber und warf die Überreste meines Glimmstängels hinein. Glücklich kehrte ich zu meiner Gang zurück, wobei mir auffiel, dass »Gang« vermutlich die Kurzform von »Gangster« sein musste. Außerdem bemerkte ich, dass mich alle anstarrten.

»Hey, sag mal, wie uncool bist du denn?«, fragte mich Ufuk, der Türke, der mich damals beim Frühlingsfest vor üblen Prügeln bewahrt hatte. Ufuk ließ sich bereits einen Dreitagesbart stehen, extrem gechillt und beachtlich für seine sechzehn Jahre. »Du willst ein Gangsta sein? Du bist mehr so der Vollkaschperl. Hebt er seine Chicks vom Boden auf …« Er verfiel in einen glucksenden Lachkrampf. »… und schmeißt sie auch noch in den Mülleimer! Hahaha, ich brech ab! Ein Gangsta, der seine Chicks aufhebt und, hahaha, *wegschmeißt!* Das ist einfach nur noch der Wahnsinn.« Die anderen lachten ebenfalls, ich stimmte ein. Ich wusste zwar nicht, wieso wir lachten, aber es machte Freude. Lachen ist gesund. Auch wenn man sich falsch verhalten hatte und die anderen einen für einen Deppen hielten – Lachen verbindet.

Ich versuchte, den Faden wieder aufzunehmen, und sagte: »Okay, sorry, war strange, meine Aktion. Ich wollte eigentlich einen Joke machen.«

»Der ist dir gelungen!«, bog sich Ufuk und wischte sich Tränen aus den Augen.

»Aber im Ernst, ich bin schon ein Gangsta. Also echt. Mit allem Drum und Dran.«

»Logo, und ich bin Donald Duck«, sagte Ufuk, hielt sich den Bauch und schnappte nach Luft.

»Nein, wirklich! Ich kann zum Beispiel ziemlich gut rappen. Hättet ihr Bock auf eine Runde Gangsta-Rap? Ich mein so richtig harten Rapshit.«

Die Umstehenden hatten schon wieder aufgehört zu lachen und sahen alle nur noch fasziniert auf den beinahe besinnungslosen Ufuk.

»So richtig harten Rapshit? Also du meinst so wie Thomas Gottschalk, der rappt doch auch manchmal!«

Aus Ufuks Mund kam nur noch ein heiseres Fiepen, ich befürchtete, er würde ersticken, und beschloss, meine Rap-Künste an einem anderen Tag vorzuführen.

Daheim hörte ich einen Song von Dr. Dre, in dem er rappte: »Bitches ain't shit but hoes and tricks. Lick on these nuts and suck the dick.« Diese Aussage war mir doch zu hart. Ich wollte schon auch etwas Krasses rappen, aber mit einer intelligenteren Aussage. Ich setzte mich an den Schreibtisch und schrieb mit Füller meinen ersten Rapsong. Der Text ging so:

Selbsterhaltungstrieb
der Mensch ist kein soziales Wesen
will Herrschaft über andere
von Hobbes geformte Thesen
homo homini lupus
der Mensch dem Mensch ein Wolf
Gemeinschaftssinn ein Trugschluss.

Verdammt geiler Text. Damit würde ich ihnen beweisen, dass ich mehr als ein Spast war. Morgen würden alle coolen Puchheimer wissen: Der Simon ist kein Schwätzer, sondern ein geradezu banditenhaftes Rap-Schwein, einer, der die Dinge beim Namen nennt, der nicht nur kleckert, sondern klotzt. Ich freute mich schon darauf, wie den Neidern der Sabber aus den Mündern tropfen würde und ich vielleicht eins der Mädchen beeindrucken konnte.

Ich wippte lässig mit Hüften und Schultern, als ich zum Jugendhaus ging. Meine Kameraden standen wie immer da und rauchten. Ufuk musste sofort lachen, als er mich sah.

»Hey, Oida!«, begrüßte er mich. »Magst eine rauchen? Oh, sorry, geht nicht, ich hab keinen Aschenbecher dabei!«

Wieder verfiel er in einen Lachkrampf. Fuck you. Ich ignorierte das und zog lieber mein Ding durch. Es galt, meinen Ruf wiederherzustellen und die jungen Gangsta zu überzeugen. Ich legte los:

Selbsterhaltungstrieb
der Mensch ist kein soziales Wesen
will Herrschaft über andere

Ufuk lag am Boden und kringelte sich, die anderen sahen belämmert aus, ja beinahe zornig. Vor allem die Frauen.

»Was will der Idiot?«, fragte Ribana, eine wahnsinnig gut aussehende Rumänin mit hellblondem Goldhaar.

»Bist du Gymnasium oder was?«, fragte Helena, eine verdammt begehrenswerte Griechin.

»Junge, was laberst du für Scheiße?«, fragte Attila, der Anführer.

»Lasst ihn weiterrappen«, sagte Ufuk und blökte wie ein junges Lamm. Er lag immer noch auf dem Boden und wartete lauernd darauf, dass ich weitermachte, damit er sich erneut über mich kranklachen konnte.

»Olum, sei mir nicht böse«, sagte Attila. »Aber wenn du möchtest, dass wir dich aufnehmen, musst du irgendwas Gangstamäßiges bringen. Deine bisherigen Nummern haben uns null überzeugt. Wenn du so weitermachst, nennen wir dich Wurzel aus 144, verstehst du. Wir brauchen keine Klugscheißer, wir brauchen *coole* Leute. Know what I'm saying?«

Was für eine Blamage! Ich musste mir rasch etwas einfallen lassen, schnell handeln, sonst war meine Karriere bei den coolen Leuten so schnell vorbei, wie sie begonnen hatte.

»Okay, Leute, okay. Ich hab verstanden! Ich liefere euch den Beweis, dass ich würdig bin, mit euch abzuchillen!«

»Aha. Und was willst du machen?«

Es war mein erster Raubüberfall. Ich hatte die Kappe tief ins Gesicht gezogen und die Kapuze meines Hoodys darübergezogen. Ich erinnere mich genau. Es lief alles wie in Zeitlupe. Die automatische Glastür des Rewe-Marktes ging auf, ich schritt kühn hinein und ohne mit der Wimper zu zucken durch die Lebensmittelabteilung. Die Verkäuferin räumte gerade Äpfel in das Regal, da bemerkte sie mich.

»Ah, grias de, Simon, wie geht's denn der Mama? Habts ja sauber beim Fußball verloren gestern. Mei, beim nächsten Mal gewinnts wieder *ihr!* Brauchst irgendwas? Mir hätten Mandarinen im Angebot heut.«

»Nein danke, schönen Tag noch.«

Das kann doch nicht wahr sein! Frau Schmid-Richel! Warum musste die gerade jetzt einkaufen? Das war schwerer als gedacht. Meine Eier schrumpften auf Rosinengröße, der Puls lag schätzungsweise bei dreihundert, ich hatte keine Spucke mehr im Mund und kalten Schweiß auf der Stirn. Trau dich, du bist ein Gangster. Trau dich, du bist ein Gangster. Psalmenartig sprachen geheimnisvolle Stimmen auf mich ein. Mit türkischem Akzent. Ich lief wie ein Irrer durch die Regale und griff panisch nach irgendetwas und steckte es mir unter den Pullover. Perfekt gelaufen! Keiner hatte mich gesehen. Jetzt aber nichts wie raus hier. Meine Gang wartete ums Eck.

»Hast du was?«, fragte Attila.

»Logo«, grinste ich jovial. Ich holte mein ergattertes Diebesgut unter meiner Jacke hervor. Es war: eine Dose Pedigree Pal! Eine kleine … für Zierhunde.

»Was ist das?«, fragte Ribana.

»Pedigree Pal!«, sagte ich und versuchte selbstsicher zu klingen. »Das ist Hundefutter von höchster Qualität.«

»Du bist leider der größte Mongo, den wir je kennengelernt haben. Such dir bitte andere Freunde«, sagte Attila, fast ein wenig mitleidig. Ich hab die Dose dann wieder ins Regal zurückgestellt. Unauffällig.

19. Kapitel

Besuch beim Petting

Ich hab freilich irgendwann auch mal Frauen kennengelernt. Also Mädels. Die Eltern dieser jungen Damen reagierten auf gewisse Themen überraschend fassungslos.

»Was? Du hast einen Freund? Aber gewiss nur freundschaftlich, also ohne, dass ihr euch da irgendwie küsst oder so? Wie bitte? Du willst dir die Pille verschreiben lassen? Ja, Mädel, du bist grad mal sechzehn, willst du denn schon mit deinem Freund schlafen? Waaas? Ihr habt bereits einige Male miteinander geschlafen und wollt es weiterhin tun? Oh, welch Schande über unser Haus, wie sollen wir's den Nachbarn erklären, wie dem Herrn Pfarrer, wie der Verwandtschaft, wie der Frau Bäckerin? Tief in die Blamage hast du uns gebracht, du unartiges Kind, es gibt nichts, was unsere Familie noch ärger in Verruf bringen könnte! Wie? Was sagst du? Er ist ein *Farbiger*? Schlimmer hättest du deine Eltern nicht demütigen können, es reicht nicht, dass unsere Tochter ein Flittchen ist, jetzt lässt sie sich auch noch von früh bis spät von einem Farbigen begatten!«

Das wollte ich den Mädchen ersparen, darum ließ ich sie einfach kurzerhand bei mir übernachten. Meine Eltern nahmen das locker. Möglicherweise *zu* locker. Wo andere Eltern ein Riesenthema aus ersten Übernachtungsgästen machten, verhielten sich meine oft so, als wäre es für einen Teenager das Normalste der Welt, bei seinem »love interest« zu schlafen und noch dazu den Eltern in die Arme zu laufen. Vielleicht trauten meine mir einfach nicht zu, dass die Mädels nicht nur da waren, um gemeinsam die Hausaufgaben zu machen. Die marschierten teilweise in mein Zimmer, als hätte ich mit einem Sandkastenbuddy Lego gespielt. Und nein, mit den Mädchen spielte ich nicht Lego und wir erledigten auch keine Hausaufgaben. Wir erweiterten, ich sag mal, unseren Fragenkatalog ans Dr.-Sommer-Team der Bravo.

Da ich diverse Nachschlagewerke wie Duden, Lexika, Kochbücher oder den Diercke Weltatlas in meinem Zimmer hortete, weil ich mir einbildete, ich könnte sie eventuell mal für meine schulische Bildung benötigen – es gab damals noch kein Internet –, kam es gelegentlich vor, dass meine Mutter oder mein Vater etwas nachschauen wollten.

Einmal war eine Klassenkameradin von mir zu Besuch, es war eines meiner ersten Erlebnisse mit einem Mädchen, sie hieß Caro und war unfassbar hübsch. Es war Sommer und sie trug ein Kleid, das vorne einen raffinierten Schlitz hatte, sodass man ihre braun gebrannten, schönen langen Beine sehen konnte. Ich fand sie schon lange super und fragte sie auf dem Nachhauseweg, ob ich sie noch auf einen kühlen schönen Eistee einladen dürfe. Sie freute sich und kam mit. Ich schlug vor, in mein Zimmer hinaufzugehen und etwas Musik zu hören, gerade war das Beastie-Boys-Album »Ill Communication« erschienen. Wir gingen also in mein Zimmer, und ich legte die CD in den Player. Schon beim zweiten Song knutschten wir wie die Sau. Alles lief völlig geschmeidig ab, wir berührten uns vorsichtig, aber liebevoll, ich erforschte ihre Arme, ihre Beine, die Knöpfe ihres T-Shirts und machte das erste Mal die Bekanntschaft mit dem Verschluss eines Büstenhalters. Auf einmal ging die Tür auf und mein Vater stürmte herein. Ich hatte bereits wenige Sekunden vorher gehört, wie jemand rasant die Treppe hinaufeilte. Den Schritten nach mein Vater. Er öffnete die Tür und stürzte ins Zimmer. Caro und ich lösten eilig unsere Umarmung und sie versuchte notdürftig, sich mit dem verrutschten Laken zuzudecken.

»Oh, du has Besuk. Ich wollte nur kuaz ein Buch hole. Habt ihr Hunger? Ich koche gerade.« Das brauchte er nicht dazusagen. Sein nackter Oberkörper war immerhin von einer Schürze bedeckt. Allerdings hatte mein Papa die komische Angewohnheit, sein Messer während des gesamten Kochvorgangs nicht aus der Hand zu legen. Auch nicht, wenn er die Küche verließ, zum Beispiel, um in mein Zimmer zu kommen und ein Wörterbuch zu suchen. So stand er also mit halb nacktem Oberkörper, nur mit einer Schürze bedeckt und dem Messer in der Hand bei mir im Zimmer. Caro traute sich kaum zu atmen.

Und ich traute mich nicht, aufzustehen. Mein Oberkörper war nämlich von keiner Schürze bedeckt. Wir hatten ein sehr inniges Verhältnis, aber ich trug nur Boxershorts, und die Küsse und die Fummelei mit Caro haben, na ja, die Verteilung des Blutes in meinem Körper recht weit ins untere Körperzentrum verlagert. Papa konnte die Situation offensichtlich überhaupt nicht einordnen. Er stand auf dem Schlauch und meiner war verhärtet. Ich probierte, Zeit zu gewinnen. Eigentlich versuchte ich, ihm Zeit zu geben, damit er begriff, was vonstattengegangen war, bevor er ins Zimmer kam. »Habt ihr wieder politische Diskussionen geführt und dir ist ein Wort nicht eingefallen?«, fragte ich meinen Vater aus dem Bett, in der Hoffnung, ein Gespräch mit ihm würde meine Ekstase schnell schwinden lassen.

Wenn es um Politik ging, verlor mein Vater seine Zurückhaltung und jede noch so kleine Nachricht im Radio, oder politisch angehauchte Bemerkung, konnte bei meinen Eltern und einigen ihrer Freunde zu stundenlangen, hitzigen Diskussionen führen. Hitzig übrigens im wahrsten Sinne des Wortes. Meine Mama redete sich bei einer solchen Diskussion mit einem Freund meines Vaters so in Rage, dass ihr heiß wurde. Während sie weiter argumentierte, zog sie ihren Pullover aus, um sich ein bisschen abzukühlen. Mike, ihr Diskussionspartner, sagte auf einmal gar nichts mehr. Kurz bevor meine Mama triumphieren konnte, dass sie ihn argumentativ zum Schweigen gebracht hatte, fiel ihr der wahre Grund für seine plötzliche Zurückhaltung auf. Ich hatte bereits von Mamas BH-loser Zeit erzählt. Diese Diskussion fand in jenem Zeitraum statt. Es waren also keine Fakten, sondern nackte Tatsachen, die das Gespräch so jäh beendeten. Sie stand komplett oben ohne vor ihm und legte ihm so ihre Meinung zur Situation am Gazastreifen dar.

Papa verlor, wenn er in Rage geriet, nie die Klamotten, aber ihm entfielen gerne mal einige Wörter. Das war ein unfairer Teufelskreis. Je emotionaler er wurde, desto mehr schwirrten seine Gedanken in Yoruba, seiner Muttersprache, und Englisch durch seinen Kopf. Je mehr sie schwirrten, desto schwieriger wurde es für ihn, seine Gedanken auf Deutsch zu artikulieren. Das regte ihn natürlich auf, was ihn noch emotionaler machte. Und dann kam er gerne in mein Zimmer, um sich mein Englisch-Deutsch-Wörterbuch zu leihen.

»Du bist klug, mei Junge. I weiß, dass i recht hab, aber i kann es nikt richtig sage.«

»Lass das Wörterbuch doch einfach im Wohnzimmer, und ich hole es mir, wenn ich es mal brauchen sollte, das passiert, glaub ich, seltener.«

»Ah, keine Problem, so sehe i di wenistens ab und su, wenn du di die ganze Zeit in dein Zimmer einschließt.«
»Ach, ja …«, vielleicht musste ich deutlicher werden, »das ist Caro. Caro, das ist mein Papa.«

Caro klammerte sich immer noch am Bettlaken fest, unfähig zu sprechen. Jegliche Lust schien ihrer Angst gewichen zu sein und sie fixierte das Messer in Papas Hand. Ich war ihm dankbar, dass er wenigstens die Schürze trug, aber trotzdem konnte ich Caro wohl für den Rest unseres Nachmittags und wahrscheinlich auch unseres Lebens vergessen.

»Papa! Du hast doch vorhin gesehen, dass da neben meinen Turnschuhen eindeutig Mädchenschuhe vor der Tür stehen. Außerdem sollst du doch anklopfen, haben wir ausgemacht.«

»I habe noch ni angeklofft un i analysiere doch nikt jedden Schuh, de bei uns vor de Tür steht.«

Jetzt endlich schien es ihm zu dämmern. Er schaute zu Caro, zum Laken, zu mir, aufs Bett. Seine Augen wurden größer. Ach, so ein Besuch war das. Alle Peinlichkeit im Raum schien sich drückend auf Papas Wangen zu legen, während er versuchte, ein smartes, gleichgültiges Grinsen zu uns zu schicken, und mit der Andeutung eines Knickses mein Zimmer verließ.

Ja, die Vorstellung, dass sein Sohn körperlichen Kontakt mit Klassenkameradinnen haben könnte, schien meinem Vater unangenehm zu sein. Und doch konnte man hier ab und an seine elegante Art der Konfliktlösung erkennen.

Caro wollte dann auch recht schnell nach Hause. Nach Berni hat Papa nun also einen weiteren Menschen aus meinem Leben vertrieben. Aber ich sollte sie dann doch recht schnell wiedersehen.

Einmal kam es zu einer ähnlichen Situation, bei der es dann aber früher klick bei ihm machte. Es war Sonntag, Frühstückszeit. Das war eines der wenigen Rituale, bei dem so etwas wie Kontinuität in unserer Familie herrschte. Unser Jour fixe. Das gemeinsame Frühstück am Sonntag. Zur Mittagszeit natürlich. Wir waren alle eher Langschläfer, was unsere Nachbarn auch gerne mit einem Kopfschütteln quittierten. Wenn sie aus der Kirche wiederkamen, wurden bei uns die Rollos hochgezogen. Ein Teil schob es bestimmt darauf, dass wir eine »Künstlerfamilie« waren, der andere auf ein weiteres Vorurteil, das Afrikanern gerne mal anhaftet. »Faul sans ano!«

Man kann es auch anders betrachten: Wir brunchten, bevor es in war. An diesem Sonntag war mir aber nicht nach Familienfrühstück. Ich lag neben Corinna. Beide leicht- bis unbekleidet. Und wir wurden durch Papa geweckt. »Saaaaaaaaiiimooooonn. Fruuuuuuhstuuuuuuuuuck.« Wer brauchte schon einen Hahn, wenn er Charles Pearce hatte. Die Pearcesche Variante des Zu-Tisch-Bittens konnte aber auch als Frühwarnsignal dienen. So wusste ich meistens, wann meine Eltern nach oben kamen. Nämlich, wenn sie wussten, dass ich zu Hause war, ich aber auf die »Seeeeeeeiimmooon«-Rufe nicht reagierte.

Bitte, Papa, bemerke die fremden Schuhe, versuchte ich ihm Kraft meiner Gedanken zu entgegnen. Aber nein, nach dem zweiten Ruf wollte er es wieder genau wissen und ich hörte die schweren Schritte auf den Treppenstufen. Mit einem »Saaaaimmoo ...« platzte er ins Zimmer, schaute in Richtung Bett, sah uns dort liegen, brach seinen Schrei ab und wendete seinen Blick blitzschnell in Richtung meines Fensters. Er tat so, als ob er draußen etwas ungeheuer Spannendes beobachten würde, ging zum Fenster, öffnete es, blickte kurz hinaus, schüttelte kurz den Kopf, als habe er das Ersehnte nicht erspäht, und ging, als wären wir nicht im Zimmer, wieder hinaus. Wie ein Ninja. Silent Assassin. Der stille Tod. Keiner sieht ihn, keiner hört ihn. Pure Eleganz. Wie schwarze Seide.

Meine Mutter ging mit meinem Frauenbesuch wiederum ganz anders um, eher wie eine reitende Walküre. Caro hatte sich zum Glück von dem Schock mit meinem Vater erholt, sie war ziemlich in mich verliebt und ich noch mehr in sie und wir »gingen« eine Weile miteinander. An einem Tag hatte ich bis zum späten Nachmittag »sturmfrei«, weil meine Mutter einen Dreh hatte und mein Vater mit meinem Bruder und meiner Schwester im Kino war. Wir fackelten nicht lange, küssten uns wild, schälten uns die Klamotten vom Leib und kamen auf meinem Bett zum Liegen. Ungestört. Jung und frei. Wunderschöner Sex am Nachmittag. Vielleicht auch nur heavy Petting. Den größten Teil dieses Tages habe ich verdrängt.

Weil dann hörte ich plötzlich das Klappern von Holzschuhen auf der Treppe. Meine Mutter! Scheinbar hatte der Dreh kürzer gedauert als geplant. Verdammt! Die arme Caro! Kaum war das Trauma mit dem Vater überwunden, war nun Ähnliches von meiner Mutter zu befürchten. Leider lagen unsere Klamotten fünf Meter weit weg in der Ecke und auch die Bettdecke war im Eifer des Gefechtes irgendwo neben das Bett gerutscht und nicht in Sichtweite. Wir beide splitternackt. Hilflos. Ausgeliefert.

Von draußen rief Mama laut meinen Namen, während sie die Tür bereits aufriss. Ich war so schockiert, dass ich es Caro gleichtat und meine Hände schützend über meine Brüste legte. Da fiel mir ein, dass ich in meinem Fall den

Sichtschutz vielleicht woanders anbringen sollte. Hände nach unten, die Augen weit aufgerissen, den Mund vor Entsetzen geöffnet. So saß ich aufgerichtet auf meinem Bett und wartete auf den nächsten Zug meiner Mama. Im Gegensatz zu Papa suchte sie aber nicht im Fenster nach etwas Interessanterem, sondern sah uns ohne falsche Bescheidenheit an, lächelte, spazierte gemütlich zu meinem Schreibtisch, nahm sich einen Stuhl, zog ihn ans Bett und setzte sich mit dem Gesicht zu uns.

»Ja, Simon, da hast du ja ein wunderschönes Mädchen zu Besuch!«

»Äh, ja, Mama, das ... äh ... ist die Caro.«

»Grias di. Ich bin die Christiane. Macht ihr Liebe? Haha, schön, das muss auch sein. Das gehört doch dazu!«

Caros Blick war großartig. Wie erstarrt, beinahe erschüttert und doch so wunderschön. Fast hätte ich meine Mama vergessen. Die holte sich ihre Aufmerksamkeit aber zurück, lachte und klopfte meinem Besuch mütterlich auf die nackte Schulter, während Caro sich hinter meinem Rücken zu verstecken versuchte. Ich hatte wieder mal alle Hände voll damit zu tun, meine Mannespracht zu verdecken.

»Brauchst dich nicht genieren«, sagte sie. »Wir kommen alle nackt auf die Welt. Und du schaust doch toll aus! Hast eine super Figur, das hab ich gleich gesehen. Warte, sag nichts, ich schätze: Du hast Kleidergröße 36! Oder?«

Caro reagierte nicht. Wie neulich dachte ich: Atmet sie überhaupt noch? Ich hörte kein Geräusch von ihr. Vielleicht weil mein Herz im Kopf so laut pochte.

»Ich hab auch keinen BH an«, erzählte meine Mutter begeistert. »So, jetzt habt ihr bestimmt Hunger. Ich wollte Geschnetzeltes machen. Oder bist du Vegetarierin?«

»Mama, hau bitte ab. Wir sind beide nackt.«

»Na ja, angezogen macht es auch nur halb so viel Spaß, oder?«

»Mama, geh raus jetzt bitte. Das ist echt saupeinlich.«

»Ach komm. Den kleinen Pillermann hab ich schon oft genug gesehen. Hat sich auch nicht groß verändert.«

Seit diesem Erlebnis konnte Caro nichts mehr schockieren. Wir waren ein paar Monate zusammen und amüsierten uns im Nachhinein noch oft über die Eigentümlichkeiten meiner Eltern. Jedes Mal, wenn meine Mutter sie sah, beharrte sie darauf, Caro klarzumachen, dass es viel besser ist, wenn man als Frau keinen BH trägt. Die Frauen hätten sich immerhin durch die Emanzipation von jeglichen Zwängen frei gemacht und der Büstenhalter sei ein Symbol der Unterdrückung durch den Männlichkeitswahn und ein Zeichen der Abhängigkeit. Die Zeiten, in denen Frauen in der Kirche Gehorsam gelobten, seien gottlob längst vorbei und abgesehen davon fühle man sich wesentlich wohler ohne dieses einengende Kleidungsstück.

Was meine Mutter dabei nicht bedachte, war, dass ein pubertierendes Mädchen alles dafür tut, um kein Kind mehr zu sein, und es nichts mehr mit Stolz erfüllt, als dass es seine aufkeimende Weiblichkeit und seine Frauwerdung durch ebensolche Symbole wie den BH zur Schau stellen darf. Daher waren die wohlwollenden Ratschläge und Predigten meiner Mutter in diesem Fall eher »auf Sand gebaut«.

20. Kapitel

Von Schafen und Händen

In Puchheim hatte ich versucht, Gangsta zu werden. Und scheiterte. Aber auch wenn ich es nicht in den inner circle schaffte, also in keinen, habe ich doch auch viel dazugelernt. Immerhin war ich fünfzehn und mir wuchs schon ein beachtlicher Flaum auf der Oberlippe. Ich hatte ein paarmal mit Caro geschlafen, dann haben wir uns irgendwie nicht mehr getroffen. Wir waren zwar anfangs schon sehr verliebt ineinander, aber in diesem jungen Alter ändert sich die Gefühlswelt rasch. Irgendwie hielt mich in dieser Zeit nicht mehr viel in Puchheim. In einem Anfall von jugendlichem Größenwahn machte ich die Provinz für mein Scheitern verantwortlich und dachte, in der urbanen Münchner Welt meinen inneren Durchbruch zu schaffen. Vermutlich waren die Leute in den Randgebieten von München einfach zu hinterwäldlerisch, mein wahres Potenzial zu erkennen. Ich setzte mich also in die S-Bahn und fuhr »in die Stadt«, wie wir damals sagten. Wir sind damals oft einfach so »in die Stadt« gefahren. Ohne Geld, ohne Ziel.

Es war etwas Besonderes, am Stachus (oder Karlsplatz, wie ihn die Nicht-Münchner nannten) auszusteigen und einfach in große Geschäfte zu gehen. In manchen konnte man Musik hören, in manchen Spielkonsolen testen und am Brunnen direkt am Karlsplatz tummelten sich die schönsten Mädchen der Stadt. Wahrscheinlich stammten die auch alle aus dem Umland.

Ich saß also in der S-Bahn und freute mich auf meinen Ausflug in die große weite Welt. Eine freundliche Oma, gefühlt hundertzwölf Jahre alt, mit seltsam silberblauen Haaren, kam auf mich zu und lächelte. Sie blieb direkt vor mir stehen und schmunzelte mich an. Ich wollte ihr gerade meinen Sitzplatz anbieten, als sie ihre Hand fürsorglich an mein Ohr legte, um dann zärtlich über mein Haar zu streicheln. Damals trug ich einen aufgekämmten Mini-Afro. Verträumt sah sie in meine Augen und sagte: »Mei, liab! Wie ein Schaf, gell?«

Es war mir als Kind schon mal passiert, dass mir irgendwelche wildfremden Leute in die Haare fassten. Was hatte das zu bedeuten? Dachten sie: »Es ist ganz normal, dass man Eingeborenen aus dem Busch durchs Haar fährt. Man streichelt doch auch Hunde, Katzen, Ziegen und Meerschweinchen.«

Ich überlegte, ob ich antworten sollte: »Toll, gell? Aber wissen Sie, gnädige Frau, meine Haare gleiten nicht von alleine so angenehm durch die Hand. Ich stehe jeden Morgen um vier auf, nehm meinen Lego-Lockenwickler und sorge für diese Königsdisziplin der Dauerwelle«, hatte dann aber keinen Bock mehr. Mir war nach Streit. Ich überlegte, ob ich die Alte einfach umhauen sollte, da fiel mir aber auf, dass sie genauso groß war wie ich. Außerdem bin ich gut erzogen und lehne Gewalt grundsätzlich ab. Man schlägt niemanden und Damen erst recht nicht. Wie würde sich ein echter Gangster verhalten? Was würde ICE-T tun? Will ich überhaupt sein wie ICE-T? Und dann kam es mir. Edi, Mama, Eddie Murphy. Es gibt immer eine bessere Lösung. Sie mussten nicht zuschlagen, sie nutzen ihr machtvollstes Instrument. Ihren Humor und ihre große Klappe. Die Macht der Worte!

Ich zupfte die alte Dame also, ähnlich zärtlich wie sie, an ihrem relativ faltigen Hals und sagte: »Mei, wie ein Truthahn, gell?«

»Also, des is ja wohl der Gipfel!«, kreischte die Oma. »Sie unverschämter Neger! Und so was nehmen wir auf!« Ihr war anscheinend nicht bewusst, dass *sie* die Unverschämtheit begangen hatte und meine Reaktion darauf verhältnismäßig milde war. »Frechheit, wirklich!«, schimpfte sie weiter und setzte sich in einen anderen Teil der S-Bahn. Ich fühlte keine Veranlassung, sie aufzuklären, dass ich hier aufgewachsen bin und mich niemand »aufnehmen« musste, aber das war jetzt nebensächlich. Etwas anderes war viel wichtiger und ließ mein Herz höherschlagen: Ich war nämlich endlich, quasi von Queen Mum persönlich, offiziell zum »Nigger« geschlagen worden! Wirklich! Es war, als wäre ich auf einmal gebrandmarkt gewesen. Ich merkte deutlich am Verhalten meiner Umwelt, dass ich jetzt ein richtiger Neger war. Ein ausgewachsener. Kein Kind mehr. Da hatten manchmal Menschen »Schau mal, ein Negerlein!« gerufen oder mir liebe Blicke zugeworfen, wie man es bei Kindern im Allgemeinen und bei exotisch aussehenden Kindern noch viel öfter zu tun pflegt. Aber jetzt war ich ein vollwertiger Neger. Ich brauchte keine Gang, ich brauchte keine basketballspielende Kopie zu sein. Ich war ich.

21. Kapitel

Schuppen von den Augen

Und erst ab jetzt fiel mir auf, dass ich tatsächlich schon die ganze Zeit als richtiger Schwarzer behandelt worden war. Mir wurde klar, dass die Leute schon immer anders mit mir umgegangen waren. Alleine schon das Gespräch bei meinem Direktor wegen des »Wer hat Angst vorm schwarzen Mann«-Spiels, das Verhalten unserer Nachbarn oder meine Sonderbehandlung am Autoscooter zeigten, dass ich einfach nur blind für die Wahrheit gewesen war. Kurtis Ausspruch war nur ein Weckruf für meine Selbstwahrnehmung, aber eigentlich war es schon immer offensichtlich. Ich habe es einfach nicht bemerkt. Früher, wenn wir mit anderen Kindern nach der Schule bei meinem Freund Axel waren und wir im Spielzimmer saßen, ging er immer um Punkt 14 Uhr stoisch runter ins Esszimmer. Und mir fiel schon auf, dass nicht für mich gedeckt war. Das war für mich auch etwas Neues. Also erstens, weil es den Begriff »eingedeckt« bei uns zu Hause gar nicht gab. Wenn das Essen fertig war, ging man in die Küche und Mama oder Papa verteilten es dort direkt auf die Teller. Und wenn wir Besuch hatten, dann durfte der sich selbstverständlich auch einen Teller nehmen und sich so viel draufladen, wie seine Augen ihm befahlen.

Axels Mutter stand selbstverständlich bereits in Kochschürze an der geöffneten Haustür. Sehr freundlich, aber bestimmt zeigte sie mit der Hand Richtung Ausgang und sagte: »So, ihr Lieben, es ist jetzt 14 Uhr, Vati kommt gleich nach

Hause, ich möchte euch bitten, zu euren Eltern zu gehen, wir würden jetzt gerne essen.«

Und ich dachte mir immer *what the fuck,* ich will aber mitessen! Ich war nicht einmal sicher, ob jemand zu Hause war und ob es etwas zu essen gab. Gerade als ich mich mit knurrendem Magen, es roch wirklich hervorragend, mit den anderen an Axels Mama vorbeischieben wollte, hielt sie mich am Arm fest und sagte mit mitleidigem Blick: »Simon ... du darfst sehr gerne mitessen. Stärk dich ein wenig, is ja schrecklich, was bei euch da unten passiert.« Ich weiß bis heute nicht, ob sie auf das Leid in Afrika oder meine Familie anspielen wollte. Ich hätte beides als beleidigend empfunden. Aber es roch so gut und Hunger hatte ich auch. Außerdem war ich gut erzogen und man kann einer Dame keinen Wunsch ausschlagen. Gleichzeitig ließ sie mich aber selten aus den Augen, wenn ich im Haus herumlief. Ganz nach dem Motto: Das Putengeschnetzelte gerne, aber der kleine Schwarze unbewacht mit meinem Meißner Porzellan – eher ned.

In der Sparkasse empfing mich mein Girokontoberater Herr Brunnhuber, der mir trotz meines jungen Alters ständig irgendwelche Sparsysteme und Vorsorgeverträge andrehen wollte, nicht mehr mit seinem Standardsatz »Grüß Gott, wie kann die Bank Ihres Vertrauens denn behilflich sein, Herr Biers?«, sondern plötzlich hieß es: »Yo, Herr Pearce, zählnse mich nich zu den Deppen, aber leider kann ich keinen Dispo auschecken! Yo, hoch fünf, my brother, my man!«

»Wie bitte?«

»Yo, da brother, da man, get funky!«

Dabei fuchtelte er mit den Händen vor seinem Körper rum wie Die Fantastischen Vier in frühen Videos. Das verstand er wohl unter »Wir passen uns Ihren Bedürfnissen an«.

»Ich verstehe immer noch nicht ...«

»Gimme five, buddy«, sagte Herr Brunnhuber lausbübisch und versuchte, mich mit einem extrem komplizierten Handschlag zu verabschieden ... Klar, wenn das meine Jungs vom Jugendheim machten, war das verständlich. Aber ein Vollspießer mit Krawatte und Sakko? Anderen Leuten schüttelte er doch auch ganz normal die Hand. Rechter Winkel. Ein, zwei Mal rauf und runter – fertig. Manche Leute glauben offenbar, dass man das bei uns Brothers so macht.

Generell üben meine Hände eine irre Faszination auf manche Leute aus. Ich weiß nicht, woran das liegt.

Was mir, als »Nicht-Weißer«, auch plötzlich klar wurde, waren die Reihe an blöden, meist originell und besonders witzig gemeinten Bemerkungen über meine Hautfarbe. Da so geboren wurde, bekam ich diese seltsame Art von Humor schon früh mit. Ich glaube, viele Menschen in Deutschland, die diese Witze machen, nutzen sie als Ventil, um über ihre Unsicherheit gegenüber allem Fremden hinwegzutäuschen. Ein sehr besonders beliebter Gag ist zum Beispiel, wie der Fußballfan in der Tram zum Stadion, die Frage, ob ich schwarzfahren würde. Ist auch echt ein Spitzen-Joke. Wenn man ihn zum ersten Mal hört. Ich habe diesen Witz allerdings in meinem Leben bestimmt siebenhundert Mal gehört und fand ihn schon beim zweiten Mal nicht mehr lustig, was den Leuten aber nicht klar ist. Sie denken, sie würden mir damit eine große Freude bereiten und mich zumindest zum Schmunzeln, wenn nicht sogar zu einem mittelschweren Lachkrampf bringen. Haha, der ist schwarz, da mach ich mal einen Scherz mit »schwarz«, da treff ich vermutlich direkt ins »Schwarze«! Hohohoho! Da können sich einige Leute fast kringeln vor Vergnügen und erwarten grundsätzlich, dass man es als Schwarzer ebenso köstlich und originell findet. Diese Leute gehen vermutlich davon aus, dass man selbst auch automatisch und ununterbrochen darüber nachdenkt, welche Hautfarbe man hat oder ob man ein Riese oder ein Zwerg oder ein Asiate, dick oder schmächtig ist oder ob man ein riesiges Kinn hat oder O-Beine oder einen Überbiss. Es ist mir übrigens aufgefallen, dass es einen ähnlichen Automatismus bei Rollstuhlfahrern gibt. Augen zu und durch, das Eis brechen, indem man voll in die Kerbe schlägt und Behinderte mit Behindertenwitzen, Neger mit Negerwitzen und Ostfriesen mit Ostfriesenwitzen vollsülzt.

Um diesem Verhalten vorzubeugen, überlegte ich mir, dass es vielleicht nicht ungeschickt wäre, selbst mit einem plumpen Negerwitz anzufangen, um den anderen damit den Wind aus den Segeln zu nehmen. So stellte ich mich neuen Gegnern beim Fußballspielen eine Zeit lang mit den Worten »Servus, i bin da Seimen, da Näga vom Team« vor. Die Folge war aber ein schier unendlicher Schwall von dümmlichen Negerwitzen, offenbar weil die Leute dachten: Super, der kann über sich selber lachen, der Simon. Der freut sich sicher, wenn ich auch ein paar Negerwitze erzähle. Je rassistischer, desto besser, das bereitet dem Simon gewiss enorme Freude. »Was macht der Simon auf einer Parkbank? – Ein Niggerchen. Hähähähä!«

Immer wenn ich dachte, ich habe eine gute und kluge Möglichkeit gefunden, mich zu integrieren, bin ich in den nächsten Konflikt hineingeraten. Es gab aber auch charmantere Varianten, mich auf meine Andersartigkeit hinzuweisen. Ich saß mal, als ich schon älter war, mit einem Weißbier bewaffnet im Vereinsheim meines Fußballclubs und wartete auf den

Beginn der Übertragung der Fußball-Bundesliga, die auf der neu erworbenen Leinwand gezeigt wurde. Mein alter Trainer Roland kam zur Tür herein und ging auf mich zu. Er schaute das Bier an, mich und meinte dann trocken: »Simon, so viel Weißbier kannst du gar ned dringa! Weißt scho, dass des no was wird mit der Farb!« Da musste ich wirklich lachen.

Ich habe, spätestens nach der Begegnung mit dem faltigen Hals der alten Dame, gelernt, mit Humor durch mein Leben zu gehen, und fand Spaß daran, Leute durch einen »doppelten Boden« in die Falle zu locken.

Hierzu kam mir, mit meinem neu erworbenen Selbstbewusstsein, ein, wie ich dachte, großartiger Einfall.

In Bayern feiert man zu jedem Anlass. Weihnachten und Silvester waren vorbei, es nahte der Fasching. Ich hatte immer Spaß am Verkleiden. Schon als Kind wollte ich natürlich als Cowboy, Indianer, Löwe oder was auch immer gehen. Auf jeden Fall in einem klar identifizierbaren, coolen Kostüm. Nur leider trug ich zu meiner ersten Faschingsfeier in der ersten Klasse eine grüne Strumpfhose (ich *hoffe,* es war wenigstens eine von meiner Schwester und keine, die extra für mich gekauft wurde), ein grünes T-Shirt, eine grüne Mütze und eine grüne Gardine um den Hals. Na, wer errät es? Ich war Robin Hood! Robin fucking Hood. Pfeil und Bogen wurden mir von der heimischen Pazifistin selbstredend verweigert. Ich durfte mir als Kind nicht mal aus einer Brezn eine Pistole formen. Dafür musste ich keine normalen Schuhe anziehen, sondern bekam stilecht ein Paar grüne Stoppersocken.

»Schauts mal, der Simon is a Kokosnussbaum.« Der pausbackige Gastgeber Maximilian lenkte die Aufmerksamkeit aller Kinder auf mich. Was für ein Geistesblitz, der Witz sollte wohl auf die Farbe meines Kopfes anspielen. Ich brachte zwar immer schon gerne Leute zum Lachen, aber lieber mit Humor und nicht mit peinlichen Kostümen. Am liebsten hätte ich mich die kompletten drei Stunden der Feier im Gebüsch versteckt. Mich hätte garantiert keiner entdeckt, war ich doch haut- und verkleidungstechnisch perfekt in Tarnfarben gehüllt. Aber diesen Triumph wollte ich Maximilian nicht gönnen. Der trug im Übrigen ein beschämend perfektes Cowboykostüm, mit insgesamt vier Pistolen und einem Patronengürtel. Seine Mutter zauberte ihm eine verwegene Schnurr- und Stoppelbartkombination auf das feiste rote Gesicht und betonte die Augen mit Kajal. Später auf der Feier fing er plötzlich hysterisch an zu weinen. Er hatte sich bei einem Feuergefecht mit einem Indianer seinen Finger im Abzugshahn eingeklemmt. Durch die Tränen verwischte die Schminke, was ihm zusätzlich das letzte Stückchen Würde nahm. Das ließ ich als ausgleichende Gerechtigkeit gelten und aß zufrieden einen Krapfen und so viele Süßigkeiten, wie mein apfelgeprägter Magen vertragen konnte.

Ein Jahr später wollte ich als Batman gehen. Ein Superheld ohne Waffen, das ließ meine Mama durchgehen. Als wir zum Spielzeugladen an der Hauptstraße gingen, sah ich ein originales Batmankostüm im Schaufenster hängen. Ich strahlte vor Glück. Diesmal würde mich keiner auslachen. Komischerweise kaufte meine Mama jedoch nicht das Kostüm, sondern lediglich eine Dose mit silberner Glitzerfarbe. »Da, schau, so sieht Batman aus, cool, gell?«, versuchte ich ihre Aufmerksamkeit auf das Kostüm zu lenken. Sie schien aber bereits einen besseren Plan zu haben, bezahlte die 1,95 D-Mark für das Spray, streichelte mir über den Kopf und wir verließen den Laden. Mir schwante Böses. Drei Stunden später stand ich vor dem Spiegel. Diesmal trug ich eine schwarze Strumpfhose. Auf dem schwarzen Pullover war ein gelbes, eckiges (!) Stück Filz aufgenäht und auf den Filz war mit dem silbernen (!!) Glitzerspray (!!!) die kubistische Variante eines Batman-Logos gesprüht. Meine Augen wurden von einer schwarzen venezianischen Maske bedeckt und ich trug einen Haarreifen mit Katzenohren. Ich hätte ebenso gut nackt gehen können …

Ich war davon überzeugt, dass Mama mir meine Faschingspartys nicht aus Ablehnung des Konsumzwangs sabotierte. Sie machte das absichtlich, damit ich zu Hause blieb und ihr bei der Gartenarbeit half. Aber gut, ich war der schwarze Ritter, ich war die Fledermaus, ich würde mich nicht von so einem feigen Trick reinlegen lassen. Stolzen Schrittes verließ ich unser Haus, doch statt zur Faschingsfeier ging ich in das kleine Waldstück am Ende unserer Straße. Dort spielte ich alleine und ohne Süßigkeiten Batman und kämpfte gegen Fantasiegegner. Da ich mich selbst nicht sehen konnte, störte mich mein Kostüm nicht. In meiner Vorstellung trug ich das perfekte Kostüm aus dem Schaufenster. Nach drei Stunden ging ich müde nach Hause, aß einen Apfel und beobachtete meine Mama bei ihrer Gartenarbeit.

Fasching ist zwar nicht der bedeutendste Event des bayerischen Jahres, war aber bei uns im Münchner Westen durchaus ernst zu nehmen. Nicht zuletzt, weil in der Nachbargemeinde Olching seit Urzeiten der immerhin »größte Faschingsumzug Oberbayerns« durch die Straßen zieht. Größter Faschingsumzug Oberbayerns – das ist ungefähr so beeindruckend wie »Bester Fußballspieler Grönlands«. Aber wurscht. Ich war jetzt schon in der Oberstufe, fast in der Pubertät und wollte unbedingt da hin und mich cool verkleiden (diesmal ohne die konstruktive Hilfe meiner Mutter).

Auf dem Heimweg von der Schule hielt mich ein Siebenjähriger auf, mit gelb angemalter Haut, Reispflückerhut samt Zopf auf dem Kopf, dünnem, aufgemaltem (hoffe ich zumindest) Schnurrbart und stattlichen geschminkten Schlitzaugen.

»Faschingszoll!«, blökte er mir entgegen, wobei er versuchte, einen chinesischen Dialekt zu imitieren. Eigentlich hatte er lediglich seine Zunge während des ganzen Wortes zwischen seine Zähne geklemmt. Ich nahm ihn nicht ernst, ich war immerhin doppelt so alt und trug Baseballkappe und Bomberjacke.

»Was soll denn dein komisches Kostüm darstellen?«, fragte ich ihn keck.

»An Chines oder an Japsen«, sagte er nicht ohne Stolz. »Auf jeden Fall was mit Reis, hat mei Papa gsagt.«

Nee, dachte ich mir, du bist so eindeutig ein Ultraweißer, der mit Multikulti so gar nichts am (Reis-)Hut hat. Also eher seine Eltern. Aber mei. Der Bua kann ja nix dafür, dass er in dieses Kostüm gesteckt wurde. Ich erinnerte mich an meine pazifistische-öko-do-it-yourself Variante von Robin Hood oder Batman und verzieh dem armen Bengel direkt. Nachdem ich ihm fünfzig Pfennig Wegezoll bezahlt hatte, kam mir eine Idee. Fasching! Verkleiden! Mein ganzes Leben hatte ich erfolglos versucht, normal zu sein, ein richtiger »N…« zu werden oder aber als Deutscher anerkannt zu werden. Ich witterte meine Chance.

Zu Hause machte ich mich an Mamas Theaterschminke. Schwarz und rot. Na also, genau das brauchte ich. Im Schrank meiner Schwester fand ich eine schwarze Leggins, in meinem ein schwarzes Longsleeve, eine Afroperücke in der Verkleidungskiste (ja, so etwas hatten wir), sogar ein Baströckchen fand ich. Plötzlich musste ich wahnsinnig lachen! Stand ich doch tatsächlich im Badezimmer und schminkte mir mein Gesicht schwarz. Blackfacing eines Dunkelhäutigen. Der doppelte Boden war gelegt. Ich blickte in die schlechte Karikatur eines Afrikaners. Schwarze Haut und rote, dick geschminkte Lippen. Mein perfider Plan: Jeder, der mich sah, würde denken, unter der Schminke versteckte sich ein weißer Junge mit einem fragwürdigen Faschingsoutfit. Longsleeve, Leggins, Bastrock und Perücke gaben dem Ganzen den letzten Schliff. Ich war bereit für die Party.

Vorsichtig schlich ich mich raus, an meinem Vater vorbei, der sich vermutlich sehr über meine Maskerade gewundert hätte. Vor der Haustür warteten bereits meine Freunde, die schallend lachen mussten, als sie mich sahen.

»Du spinnst, aber geil!«, hörte ich Basti und meinen Klassenkameraden Axel sagen und wir machten uns auf den Weg nach Olching: als Afrikaner, Captain America ohne Muskeln und Frau. Schon in der S-Bahn sorgten wir für Aufsehen. Viele Finger zeigten in unsere Richtung und wir ernteten gleichermaßen Gelächter und Kopfschütteln. Ein normaler Zustand, wenn man sich in Bayern verkleidet in öffentliche Verkehrsmittel begibt.

Bei uns herrscht nämlich nicht wie zum Beispiel in Köln eine allgemeine Begeisterung fürs Verkleiden und sich in gegenseitigem Einverständnis zu besaufen. Oder sagen wir mal so: In Bayern macht man das im frühen Herbst auf einer Wiese. Zumindest wurde dieser Platz gemeinhin als Wiese bezeichnet, ist aber auf einen Asphaltabschnitt im westlichen Münchner Innenstadtbereich beschränkt, mit Zelten und Fahrgeschäften besetzt. Und eine Tracht ist ein in Bayern traditionelles und legitimes Gewand, hat also mit einer Verkleidung rein gar nichts zu tun.

Wieder war ich anders als die anderen. Aber immerhin von zwei Freunden umgeben. Als mir auffiel, dass die meisten Finger ziemlich eindeutig in meine Richtung zeigten, fühlte ich mich berufen, meinen Geniestreich das erste Mal der Weltöffentlichkeit zu offenbaren. Ich wendete mich an die unwissenden Mitreisenden.

»Ich bin ein Wolf im Schafspelz beziehungsweise ein Weißer, der sich als Schwarzer verkleidet hat«, sagte ich pathetisch mit tiefer, kräftiger Stimme. »Da ich in echt farbig bin, mich aber noch schwärzer geschminkt habe, werden viele bestimmt denken, dass unter der Farbe ein Weißer steckt!«

Mein weltbewegendes Statement verpuffte in der Stille des Feierabendverkehrs. Kein Mensch, nicht einmal meine Freunde, zeigte Interesse, geschweige denn Anerkennung. Da fiel mir auf, dass ich Schüler war, bei dem niemand mit einer solchen Ausdrucksfähigkeit rechnete. Egal, meine Mission war noch nicht zu Ende. Ich wollte etwas bewegen! Den Spiegel vorhalten. In Olching musste ich mir erst mal ein Bier besorgen, um den faden Geschmack der Schminke aus meinem Mund zu spülen.

Mein stolzer Gang den Faschingszug entlang wurde ebenso gleichgültig hingenommen wie mein Outing in der S-Bahn. Drei Bier und zwei Feiglinge später waren wir endlich beim alten Fußball-Vereinsheim angekommen, wo die Party für die Jüngeren mit »cooler« Musik stattfinden sollte. An der Tür stand Edo. Footballspieler bei den Fürstenfeldbruck Razorbacks. Zweite Liga. Ein Meter dreiundachtzig groß, Knochen aus Granit, ummantelt von hundert Kilogramm purem Muskelgewebe. Togolese und schwarz, wie mein geschminktes Gesicht. Ich kannte ihn vom Sehen. Er war älter als ich und nahm uns daher naturgemäß nur als Schattengestalten wahr. Mit Jüngeren gibt man sich selten ab. Mit Jüngeren *und* viel Kleineren erst recht nicht. Edo bemerkte meine Kostümierung, die ihm offenbar überhaupt nicht gefiel.

»Was soll die Scheiße, du Wicht?«, fragte er und ging auf mich zu. Er war nicht im Geringsten zum Scherzen aufgelegt. Plötzlich wollte die Apfelschorle, die ich getrunken hatte, ziemlich dringend aus meiner Blase. Ob ich noch genug Zeit haben würde, meinen doppelmetaebenen Kostümschachzug zu erklären, bevor er meine Wirbelsäule zu einer Sprungfeder verdrehte? Sicherheitshalber zog ich mein Longsleeve bis zum Ellbogen hoch, um zu zeigen, dass ich ein »Bruder« bin.

»Dominic, Kenny! Look at this!«, rief Edo über seine Schulter. Aus der Tür traten zwei weitere Schränke im gleichen Farbton. Es waren genau genommen Doppelschränke, oder besser gesagt: Schrankwände. Überall Muskeln, auch am Hals. Eigentlich waren ihre kompletten Nacken ein einziger Muskel. Wenn man mein gesamtes Muskelfleisch durch den Fleischwolf drehen würde und einen Nacken daraus geformt hätte, wäre der wohl noch immer zarter.

Das hatten sie ziemlich sicher auch mit mir vor, nur dass sie dafür keinen Fleischwolf brauchen würden. Ihre Hände sollten für meinen Knabenkörper reichen. Bitte, Herr, lass es jetzt ganz schnell ganz stark regnen und diese Schande von mir waschen, hörte ich mich beten. Als Antwort flog ein Zitronenfalter vor meinem Gesicht vorbei. Nicht gerade als Bote des Unwetters berühmt.

»Was geht, Brüder?!«, hörte ich eine ziemlich hohe, brüchige Stimme meinem Rachen entweichen. Bin ich denn von allen guten Geistern verlassen, fragte ich mich. Ich hätte genauso gut »Müsst ihr nicht zurück aufs Feld arbeiten, Nigger« schreien können. Diese Footballspieler sind, ungeachtet ihres Gewichts, wahnsinnig schnell auf den Beinen und oft nicht gerade die Blitzgescheitesten.

Dass sie mich zu zweit hochhoben, hatte, glaub ich, mehr symbolischen Charakter. Mein Rücken wurde in den Drahtzaun gedrückt, während meine Augen nach Captain America und der Frau Ausschau hielten. Vergeblich. Ich konnte es meinen Kumpels nicht verübeln, dass sie mich in dieser Situation allein ließen. Vermutlich dachten sie: »Das sollen die Brothers mal unter sich ausmachen.«

Ich zuckte mit den Schultern und lächelte linkisch.

»Denkst du, das ist lustig, Mädchen?«, fragte mich Edo. Ich konnte nicht mal protestieren. Und um ehrlich zu sein, rein äußerlich, also durch die Leggins betrachtet, trennte mich nur noch wenig davon, ein Mädchen zu sein. In Zuständen extremer Angst suchen sich gewisse Extremitäten anscheinend Zuflucht im Inneren des Körpers. Vielleicht hat das etwas mit Aerodynamik zu tun oder damit, dass man beim Weglaufen nicht in eine Unwucht gerät, wenn zwischen den Beinen etwas baumelt. Aber egal.

»Also erstens bin ich kein Mädchen und zweitens ist das nicht lustig, sondern ein Statement!«

»What?«

Obwohl zwei von ihnen, das wusste ich, Amerikaner waren, schienen sie das Wort Statement nicht zu kennen oder konnten es zumindest nicht richtig einordnen. Deeskalierend wirkte es auf jeden Fall nicht.

»Ja, äh, genau genommen bin ich nämlich einer von euch, also ich bin, äh… unter der Farbe … äh … auch … äh … dunkel, versteht ihr, Brüder?«

»Was sagst du, du Wanze?«, sagte Edo mit seinem stark amerikanischen Akzent.

»Ja, hier, seht selbst, wenn ich die Farbe wegreibe …«

Wie ein Wahnsinniger wischte ich die Farbe von meinem Gesicht und verschmierte damit die ganze Schminke. Der gewünschte Effekt blieb aus.

»Du hast noch einen Versuch, Käsebrot!«

»Friede auf Erden?«, war das Einzige, was mir einfiel. Kurz darauf landete ich kopfüber im nahe gelegenen Bach, wo ich mir dann auch gleich die Farbe abwusch und drei Stunden auf Basti und Axel wartete. Seither habe ich endgültig ein leicht zwiespältiges Verhältnis zu Fasching und doch gleichzeitig ein sehr gutes und zufriedenes zu meiner Hautfarbe.

22. Kapitel

Ein bisschen Party schadet keinem

Für Jugendliche ist es enorm wichtig, Party zu machen. So auch für mich. Die ersten Erfahrungen mit Alkohol, die Möglichkeit, ungezwungen mit Mädchen ins Gespräch zu kommen. Und eine mannigfaltige Auswahl an Rückzugsorten, wenn die ungezwungenen Gespräche zu gegenseitiger Sympathie führten. In Orten wie Puchheim gibt es einen Versorgungsengpass für Kids zwischen fünf- und achtzehn, was Party-Locations anging. Ich und meine Freunde waren zu alt fürs Jugendzentrum, ehemalige Partykeller wurden längst in Computer- oder Arbeitszimmer für die Eltern umgewandelt und Bars, wo man auf andere Jugendliche hätte treffen können, gab es wenige bis gar nicht. Man wollte nicht mit den Eltern im gleichen Raum sitzen, während man versuchte, sich spätpubertierend dem anderen Geschlecht anzunähern.

Eine Ausnahme gab es, und die stellten natürlich wir da. Durch die Berufe meiner Eltern hatten wir das Haus die meiste Zeit bis spät in die Nacht für uns. In frühen Jahren führte das noch zu Kleinkriegen bezüglich des Fernsehprogramms oder der Essensrationierung. Später fanden meine Geschwister und ich so einen guten Weg, unsere Freunde untereinander bekannt zu machen. Sprich: Wir veranstalteten regelmäßig Grillabende, Sit-ins und mittelschwere Partys. Mein Bruder kaufte ein, meine Schwester bereitete

Snacks zu und ich lud ein. Fast ganz Puchheim freute sich über diese kleinen Festchen. Gut, unsere Nachbarn weniger, zumindest der Teil, der sich zu fein war, mal auf ein Bier vorbeizuschauen. Das waren ziemlich genau dieselben, die auch nicht zurückgrüßten, wenn meine Mama nicht bei uns war. Meine Eltern kamen immer gegen eins, halb zwei nach Hause, tranken noch ein Glas Wein mit uns, halfen uns beim Aufräumen und schickten dann die Übriggebliebenen nach Hause. Meine Mama sagte immer, ihr sei es lieber, wir feierten bei uns als irgendwo anders, wo wir ungeschützt seien. Wir sollten bloß nichts tun, was sie nicht auch tun würde. Was das genau zu bedeuten hatte, habe ich bis heute nicht rausgefunden.

Erst mit diesen Partys fingen meine Freunde langsam an, die Angst vor meinem Vater zu verlieren. Anfangs versteckten sie sich noch vor ihm, wenn er als Erster den Garten betrat. Axel und Basti saßen mal, halb kichernd, halb vor Angst erstarrt im Gebüsch, als Papa durch das Gartentor trat. Er hatte sie längst entdeckt, machte sich aber einen Spaß aus der Situation. Heimlich nahm er den Gartenschlauch, drehte das Wasser leicht auf und klemmte ihn zu, sodass kein Wasser austreten konnte. Jetzt stellte er sich pfeifend vor das Gebüsch, in dem sie saßen, tat so, als würde er seine Hose öffnen, und ließ dem Wasser aus dem Gartenschlauch freien Lauf.

»Ma sollte kein Angs voa de Mann habe, sonder vor dem, was er vo sich gibt«, sagte er und lud die beiden auf ein letztes Bier auf die Terrasse ein. Da die beiden betrunken waren, taten sie sich schwer zu sprechen und endlich konnte Papa mal die Sätze von ihnen beenden. Das brach das Eis zwischen ihnen endgültig. Es gab eine Sache, die er nicht mochte: dass Leute seine Sätze beendeten, wenn ihm mal ein Wort nicht einfiel. Mama war in der Zwischenzeit schon längst im Haus und hatte die Tanzfläche eröffnet. Statt Hip-Hop lief jetzt »Yes Sir, I Can Boogie« von Baccara. Ich hätte es nie zu glauben gewagt, aber mein kompletter Freundeskreis wackelte mit coolen sechzehn Jahren zusammen mit meinen Eltern zu Baccara in unserem Wohnzimmer.

Eine Party lief leider mal komplett aus dem Ruder. Wir hatten vor einem Wandertag von einem älteren Mitschüler den Tipp bekommen, man müsse Muskat rauchen. Wir kauften diesen Muskat, als handelte es sich um ein Kilo Kokain. Nervös gingen Basti und ich in den Supermarkt und legten scheinheilig irgendwelches Gemüse, Softdrinks und Fisch, warum auch immer, in unseren Einkaufswagen. Dann kam Muskat dazu, ganz unten in den Wagen, damit er nicht auffiel, falls wir jemandem beim Einkaufen begegneten.

Auf der Party abends tranken wir, aßen gegrilltes Fleisch, und als es endlich dunkel war, verzogen Basti und ich uns heimlich in die hinterste Ecke unseres Gartens. Basti zog triumphierend ein Päckchen Papers und etwas Tabak aus seiner Jacke hervor, während ich den Muskat aus meinem Schuh zauberte. Himmel, waren wir nervös. Wir würden es wagen, wir nahmen Drogen. Irgendwie. Nachdem wir diese ekelhaft schmeckende Muskatzigarette geraucht hatten, bildeten wir uns ein, high zu sein wie die Leute in den besten Kifferkomödien. Man kann sich einen Rausch gut einreden, wenn man nur fest genug daran glaubt. Irgendwann wollten wir mit unserer geheimen Aktion natürlich hausieren gehen und so erzählten wir beide, getrennt voneinander, immer mehr Leuten, dass wir grade krassen Scheiß geraucht haben. Ab diesem Zeitpunkt standen wir unter schwerer Beobachtung.

»Also so richtig high wirkt ihr nicht, da macht man normalerweise total abgefahrene Sachen«, sagte Nadine, eine

Mitschülerin, auf die ich ein Auge geworfen hatte, während sie an ihrem 0,33-l-Radler zuzelte.

»Ja, voll«, stimmten die anderen mit ein, »ihr seid doch voll normal drauf.« Das verletzte mein Ehrgefühl. Hatte ich mich doch endgültig damit abgefunden, nicht normal zu sein. Mehr noch, irgendwie gefiel es mir sogar, nicht normal zu sein, und dann werde ich plötzlich von meiner Herzensdame als ebendas bezeichnet. Ich wollte sie eines Besseren belehren. Vor allem aber wollte ich Nadine beeindrucken. Ich spielte einen perfekten Trip. Ich lief durch die Gegend, sang irgendwelche Lieder und bewegte mich wie ein Dinosaurier. So, wie ich mir einen Trip eben vorstellte. Irgendwann fiel mir ein, dass wir doch die Forellen gekauft hatten. Ich nahm eine aus der Packung und schleuderte sie gegen unsere Hauswand.

Jetzt war das Gelächter groß! Das war Wind in meinem Segel. Ich nahm mir eine weitere Forelle, schleuderte sie über meinem Kopf und als ich sie losließ, landete sie weit im Garten unseres Nachbarn. »Forellenkrieg!«, schrie ich und rannte mit einer weiteren bewaffnet zu meinem Fahrrad. Kurz darauf fuhr ich mit nacktem Oberkörper und forellenschleudernd durch unsere Straße. An den Stromkasten, *flatsch*, über die Hauptstraße an die Bushaltestelle, *flatsch*, und schließlich gegen das gekippte Fenster der Nachbarn gegenüber, *fump*.

Selbst wenn ich es gewollt und lange dafür trainiert hätte, wäre es mir wohl nie gelungen, den Fisch exakt durch den Spalt des geöffneten Fensters zu schleudern. Ich fuhr sofort nach Hause, verschanzte mein Fahrrad, beendete abrupt die Feier und schickte alle nach Hause, sperrte die Tür ab und legte mich ins Bett. Durch einen schrecklichen Lärm wurde ich wenig später aus meinem betrunkenen Schlaf gerissen. Es war ein schrilles Klingeln, unter das sich ein dumpfes rhythmisches Schlaggeräusch mischte. Es war unheimlich. In meinem Zimmer war es stockfinster. Als ich zum Fenster sah, entdeckte ich eine Holzplanke, die in regelmäßigen Abständen gegen mein Fenster hämmerte. »Was zur Hölle ist das?«, hörte ich mich flüstern. Ich beschloss, das Licht nicht anzuschalten, und robbte zum Fenster. Aus der Nähe sah ich, dass ein Arm das Stück Holz gegen das Fenster schlug. Ich war mir sicher, dass mein Nachbar, Herr Brunner, drauf und dran war, in mein Fenster einzubrechen und sich für den Fisch zu rächen. Und ich hatte die Hosen voll. Panisch lief ich ins Schlafzimmer meiner Eltern und fand es leer vor. In meinem Kopf schwirrten die Gedanken. Da fiel mir auf, dass es keine Gedanken waren, die in meinem Kopf schwirrten, sondern dass ich einfach die ganze Zeit dieses klirrende Geräusch in den Ohren hatte. Nach ein paar Augenblicken wurde mir klar, dass dieses Geräusch unsere Türklingel war. Ich ging auf den Balkon und sah meine Eltern am Gartenzaun. Was war ich froh.

»Zum Glück, ihr seid es, ihr müsst schnell reinkommen, ich glaube, Herr Brunner dreht grade durch!«

»Nein, der dreht nicht durch, der steht hier bei uns und jetzt lass sofort deinen Bruder rein, der steht auf der Leiter und klopft seit einer halben Stunde an dein Fenster!« Die Laune meiner Mama glich der eines Wildschweinkeilers, dessen Frischlinge man gerade klaute.

Meine Eltern und mein Bruder, der ihnen an dem Tag im Lokal geholfen hatte, waren wieder gegen eins nach Hause gekommen. Ich hatte die Tür abgeschlossen und leider den Schlüssel von innen stecken lassen. Das, die Tatsache, dass sie von Herrn Brunner mit Fisch in der Hand empfangen wurden und mein tiefer Schlaf führten zu dieser drastischen Verschlechterung der allgemeinen Gemütslage.

Nachdem ich meinen Bruder durchs Fenster gelassen hatte, musste ich mich entschuldigen und, noch nachts, unsere Hauswand, die Bushaltestelle und Familie Brunners Wohnzimmer von den Fischresten und dem Geruch befreien. Aus meinen Klamotten und der Nase bekam ich den Geruch leider nicht und während ich mich übergab, war mir klar, dass das mein letztes Muskatexperiment gewesen sein würde. Wir hatten auch bis auf Weiteres Partyverbot. Das Vertrauen selbst meiner Eltern war irgendwann aufgebraucht.

23. Kapitel

Stehen bleiben, Polizei!

Als Schwarzer bekommt man häufig Spitznamen. Sei es im Fußballverein, in der Schule, im Jugendclub oder in der Stammkneipe. Man rief mich »Hey, Bob Marley!«, »Servus, Gerald Asamoah!« oder »STEHEN BLEIBEN, POLIZEI!« – mein häufigster Spitzname. Die Polizei wirft, seitdem ich strafmündig geworden bin, immer ein besonderes Auge auf mich.

Einmal waren wir mit meiner Klasse beim Wandertag. Wir machten einen Fahrradausflug zu einem See in der Umgebung. Auf dem Weg hielt uns die Polizei auf. Beziehungsweise mich, einen Fünfzehnjährigen. Meine dreißig Mitschüler mussten warten und konnten zuschauen.
»So, wo wollen wir denn hin?«, fragte der Größere der beiden Beamten.
»Wir fahren an den Germeringer See«, sagte ich wahrheitsgemäß.
»A geh. An den Germeringer See? Und was machst du da, am Germeringer See?«
»Wir. Ich denke mal rumhängen und vielleicht grillen?«
»Ned frech werden, Bürscherl! Is des dei Radl?«
»Ja.«
»Wo hast des Radl her?«
»Meine Eltern haben es mir zu Weihnachten geschenkt.«
»A geh! Deine Eltern? Wo ham denn deine Eltern das viele

Geld hergehabt? So ein Fahrrad kostet schließlich ein paar Mark!«

»Ich, äh ... also, meine ...«

Unser Lehrer, Herr Wirsing, war bereits mit seinem Rad umgedreht und kam dazu.

»Gibt's ein Problem?«, fragte er.

»Naa«, brüllte der Kleinere der beiden Polizisten. »Wir würden den da nur gerne kontrollieren.«

»Aha, der da ist der Simon«, sagte Herr Wirsing. »Wieso wollen Sie denn den kontrollieren, was stimmt nicht?«

»Wir wollen nur schauen, ob er das Rad geklaut hat.«

»Übrigens«, sagte ich. »Ich kann Sie hören, ich stehe neben Ihnen.«

»Bitte sprechen Sie nur, wenn Sie gefragt werden«, sagte der Größere der beiden Beamten.

»Wollen Sie mein Fahrrad dann auch checken und die meiner dreißig anderen Schüler?«, fragte Herr Wirsing.

»Hahaha, nein!«, feixte der kleinere Polizist. »Bitte, Sie klauen doch keine Fahrräder.«

»Hallo, ich kann euch hören«, sagte ich und winkte etwas mit den Händen, damit man mich besser bemerkte. »Außerdem kennst du mich doch, Heiko!«

Ich hatte den kleineren Polizisten längst erkannt, er spielte beim FC Puchheim in der zweiten Herrenmannschaft. Ich wusste natürlich, dass er bei der Polizei war.

»Kennts ihr euch?«, fragte der größere Polizist.

»Ja, scho«, antwortete der Kleinere. »Vom Fuaßboi.«

»Kennst seine Eltern auch?«

»Ja, scho.«

»Und wo ham die des Geld her?«

»I glaub, sei Vater hat an Kiosk und sei Muatta is Opernsängerin oder so.«

»Meine Mutter ist Schauspielerin«, korrigierte ich ihn. »Und mein Vater hat keinen Kiosk, sondern ein gut gehendes Restaurant.«

»A geh! Dann is des Radl mit regulär verdientem Geld bezahlt worden?«

»Natürlich!«

»Dann wollmer noch mal ein Auge zudrücken.«

Die beiden Hanswurschte glaubten tatsächlich, dass ich das als Entgegenkommen betrachtete. Ich war zwar noch ein Jugendlicher, aber nicht komplett bescheuert. Das war meine erste Kontrolle. Aber spätestens, als ich dann einen Führerschein hatte, sahen mich meine lieben Freunde von der Polizei endgültig in einem völlig anderen Licht, meistens in Blaulicht.

Da ich als Erster im Freundeskreis den »Lappen« besaß, kutschierte ich meine Freunde ziemlich viel herum und auch alleine »cruiste« ich viel durch die Straßen. Sprich, man setzt sich ins Auto und fährt sinnlos durch die Gegend. Meine Mama wäre ausgeflippt. Aber sie war nicht da und der Begriff »ökologischer Fußabdruck« existierte noch nicht, also fuhr ich frei wie ein Vogel durch die Straßen unseres Landkreises. Na ja, nicht ganz. In regelmäßigen Abständen wurde ich »routinemäßig« von der Polizei aufgehalten und kontrolliert. Manchmal ging es ganz schnell, manchmal bekam ich das volle Programm ab.

Einmal war ich mit Basti und Axel unterwegs und sah aus den Augenwinkeln, dass ein Polizeiauto neben uns an der Ampel auf der Linksabbiegerspur stand. Ich spürte die Blicke der Polizisten und wusste sofort, was uns blühte.

»Jungs, das dauert jetzt ein paar Minuten«, sagte ich, weil ich bemerkt hatte, dass sie sich bereits aufmachten, ihren Wagen vor den meinigen zu setzen. Ich öffnete mein Fenster, als die Polizisten auf mein Auto zukamen.

»Grüß Gott, sprechen Sie Deutsch?«, sagte der Ältere und Dickere.

»Dad Boarisch aa geh?«, antwortete ich.

»Geht aa«, sagte der junge, schmalere Kollege.

»Wo ham jetza Sie so guad Boarisch glernt?«

»I bin vo da.«

»Aha, wia des?«, sagte der Erste, der ab jetzt für einige Zeit die Gesprächsführung übernahm.

(Übersetzung: »Wäre Bayrisch auch genehm?«

»Aber sicher«, sagte der junge, schmalere Kollege.

»Wo haben Sie denn so gut Bayrisch gelernt?«

»Ich stamme von hier.«

»Ach tatsächlich. Wie kommt denn das?«)

Er war auch mit Abstand der Unsympathischere. Das ist tatsächlich oft so, dass es eine »Guter Bulle, böser Bulle«-Aufteilung gibt. In diesem Falle würde Dick und Doof fast besser passen.

»Meine Mutter«, fuhr ich fort, »hat mi da aufd Welt bracht, drum bin i vo da. Hast mi?«

»Obacht, gell! Mir san da ned zum Scherzen. Und um uns Zeit zu ersparen: Was haben wir denn für Drogen genommen!?«

»Ähm, müsste die Frage nicht lauten ›*Haben Sie Drogen genommen*‹?«

»Die Fragen stellen immer noch wir. Also: Drogen genommen?«

»Nein.«

»Drogen dabei?«

»Nein.«

»Haben Sie in der Vergangenheit Drogen genommen?!«

»Nur im Krankenhaus nach meiner Knöchel-OP, aber das waren keine richtigen Drogen.«

»Des entscheiden immer noch wir. Was waren des für Drogen?«, warf der Schmale ein, um sein investigatives Talent zu demonstrieren.

»Mei, des waren halt so Schmerzmittel, die mir der Arzt verabreichte.«

»Aha. Unter ärztlicher Aufsicht also. Was waren denn das für Medikamente?«

»Des weiß i ned.«

»Unterlagen die dem Betäubungsmittelgesetz?«

»Dem was?«

»Versuach ned, uns zu verarschen, Kamerad! Du weißt ganz genau, was des is«, unterbrach der Dicke meine kleine Scharade, während er sich nervös am Hosenbund rumspielte. Das ist übrigens eine Beobachtung, die ich oft bei bayerischen Polizisten gemacht habe, wenn sie ihre Fassung verloren. Der Hosenbund wird links und rechts vor den Hüftknochen mit den Daumen vom Körper weggezogen und die Hose zur Unterstreichung der Empörung zurechtgezupft und -gezogen.

»Ich weiß es nicht. Das war im Krankenhaus und der behandelnde Arzt hieß Dr. Pfeiffer.«

»Aha. Also war des quasi nach einer Operation?«

»Das hatte ich vorher einleitend gesagt, wenn Sie sich erinnern.«

»So, jetzt langt's. Sind Sie mit einer allgemeinen freiwilligen Drogenkontrolle einverstanden?« (Kürzt man das ab, heißt es übrigens AfD.)

»Und wenn ich Nein sage?«

»Dann müssen wir dich mit aufs Revier mitnehmen, dann zapf ich dir Blut ab«, grätschte Doof wieder dazwischen.

»Aha, sind wir also per Du. Darf ich dann auch Du zu Ihnen sagen, Herr Wachtmeister?«

»Da wird keiner geduzt, dass mer uns verstehen!«

»Dann würd ich Sie bitten, dass Sie ebenfalls beim Sie bleiben.«

»Und Wachtmeister gibt's da ebenfalls keinen!«

»Gut. Ich hatte Ihren Namen nicht verstanden, Herr, äh …«

»Des tut jetzt nichts zur Sache.«

Nun schaltete sich wieder der ältere Kollege ein.

»Wollen Sie die Arbeit der Polizei behindern? Wia schauts jetzt aus? Wo warns eigentlich vorhin?«

Ich hob beschwichtigend meine Hände.

»Momentamal, momentamal. Bitte nicht alle durcheinander. Wenn *einer* redet, kann ich in Ruhe antworten.«

»Sie antworten jedem, der da a grüne Uniform anhat, verstanden?«

»Gut.«

»Also: San Sie mit einer Drogenkontrolle einverstanden?«

»Darf ich fragen, wieso?«

»Ja mei, des is halt a Stichprobe.«

»Das ist nämlich ein seltsamer Zufall. Wissen Sie, Herr Polizist, das ist nämlich heute schon meine vierte Stichprobe.«

»Ja mei, die Würfel fallen, wie sie fallen. Rasterfahndung. Höhöhö.«

»Ned zu verwechseln mit Rasta-Fahndung«, sagte mein schmalschultriger Freund und grinste über seinen Super-Joke in Richtung Basti und Axel in der Hoffnung, Anerkennung zu bekommen. Meine Freunde beobachteten das Szenario jedoch nur mit weit aufgerissenen Mündern. So etwas hatten sie noch nie erlebt.

In solch einer Situation hat man nur zwei Möglichkeiten: Drogentest machen, sprich, dem Willen der Beamten gehorchen und alles über sich ergehen lassen. Sich mit einer Taschenlampe in die Augen leuchten lassen, wo es immer zu der Feststellung kommt, dass »Ihre Pupillen aber ganz schön langsam reagieren«, auf einem Bein stehen und bei geschlossenen Augen bis sechzig zählen. Hier gibt es zwei Varianten, zu versagen. Entweder hatte man kein Zeitgefühl, weil es »deutlich mehr als eine Minute war«, wahlweise auch »deutlich weniger«. Oder es hieß, dass man »aber schon verdächtig schwankt und nach Alkohol riecht«. Dann versuchten sie dir ins Gewissen zu reden, dass man es doch lieber gleich sagen solle, wenn man ein klein bisschen Drogen genommen hatte. War ja nichts dabei. Auch wenn man hier noch mal beteuerte, dass dem nicht so war, musste man »leider einen Urintest machen«. Oder, wenn sie ganz genau schauen wollten, ob man wirklich nichts dabeihatte, musste man mit heruntergelassenen Hosen auf der Hauptstraße stehen und auf das unangenehme Geräusch warten, wenn PVC-Aidshandschuhe über Polizistenhände bis zu den Unterarmen gezogen wurden. Da bekommt der Begriff Stichprobe dann eine ganz andere Bedeutung.

Und das beschränkte sich nicht aufs Autofahren. Das passierte überall. Mit Anfang dreißig saß ich im Zug von München nach Hamburg. Ironischerweise übrigens auf dem Weg zu einer Sendung zur »Themenwoche Toleranz« beim *Norddeutschen Rundfunk*. Ich saß also auf meinem Platz und las den Spiegel. Und damit meine ich kein okkultes Ritual, bei dem ich mein eigenes Spiegelbild analysierte, sondern tatsächlich die neueste Ausgabe des Magazins *Der Spiegel*. Druckfrisch. Am Vierertisch hinter mir wurde es plötzlich laut. Es stand wohl ein Junggesellinnentrip in den hohen

Norden an. Eine der kreischenden Damen versuchte gerade, eine Sektflasche zu öffnen. Gackerndes Gelächter, als die »besten Freundinnen« die gescheiterten Versuche kommentierten. »Kathl, jetzt streng dich halt a bissl an, du verrücktes Huhn!« Menschen, die sich selbst oder ihre Freunde als verrückte Hühner bezeichnen, gehen auch einmal in zwei Wochen einen trinken und bezeichnen sich als Partymäuse. Wenn ich in zwei Wochen nur einmal trinke, nenne ich das Fastenmonat. Ich drückte meine Kopfhörer tiefer in meine Ohren. Aber es half nichts. Warum nur hatte ich keine Kerze dabei, um mir Wachs in die Ohren zu schütten, dachte ich mir. Egal. Und der kleine Veit-Alexander hinter mir schien gerade Zähne zu bekommen. Das ist schmerzhaft, das kann ich verstehen, aber doch eigentlich etwas, worüber er sich freuen sollte. In besinnlicher Ruhe. Ich schreie doch auch nicht laut herum, wenn mir etwas wächst. Er aber schrie. Ich gönnte ihm das und drückte die Kopfhörer noch fester in die Ohren. So fest, dass fast Blut kam. Allerdings aus den Augen, vor Anstrengung. Stille. Herrlich. Ich blätterte durch den *Spiegel* und stoppte die Zeit, bis das erste Mal Hitler erwähnt wurde. Nach nur acht Sekunden klopfte mir jemand auf die Schulter. Nein, nicht Hitler. Ein dickbäuchiger Polizist mit einem lustigen Schnurrbart. Er sah ein bisschen aus wie Obelix, den man in eine Polizeiuniform geschossen hatte. Aus dieser Uniform wird man dich rausschneiden müssen, wenn du nicht bald eine drastische Diät anfängst oder dir den Norovirus einfängst, dachte ich, aber ich sagte artig: »Grüß Gott!« Noch waren wir in Bayern. »*So, grias Gott, was machen wir denn hier?*«, fragte mich der Dicke, der keinen Zaubertrank trinken dar... »Hmmm ... Dann denken wir doch mal gemeinsam nach. Das ist ein Zug, der fährt von München nach Hamburg ... Hast du eine Idee?«

»Nicht frech werden, gell! Können Sie sich ausweisen?« Ich überlegte, dieselbe Frage ebenfalls zu stellen, hatte aber immer noch keine Lust. Auch das schöne Wortspiel »Ausweisen können doch wenn dann nur Sie mich« verkniff ich mir.

Ich wollte meine Ruhe, sagte deshalb »Ja, Moment!« und nestelte in meiner Tasche nach meinem Geldbeutel. Ich weiß nicht, was in den zweiten, jüngeren Kollegen gefahren war, aber mir wurde schnell klar, warum er *nicht* der Wortführer der beiden war, als er sich vorbeugte und mir ein »Sprichst du Deutsch?!« entgegenrülpste. »Ääääh ... ja, ich hab gerade Ihrem deutschen Kollegen auf eine Frage in deutscher Sprache geantwortet und ich les auch gerade einen *Spiegel,* der bekanntermaßen kein Bilderbuch ist.« Ich schämte mich ein bisschen für meine Antwort, weil ich bislang tatsächlich nur Bilder angeschaut hatte, aber das wussten die Polizisten nicht. Ich zückte meinen Perso.

»Aha ... deutscher Ausweis ... Wo ham S' den her?«

»Steht hinten drauf. Ich bin hier geboren.«

»Ah, ja, da stehts. Hamma schon mal was mit Drogen zu tun gehabt?«

Mir war klar, wo das wieder hinführen würde. Irgendwann war mir alles wurscht und die Macht der Worte kam wieder in mir hoch. Was sollte ich auch anderes machen.

»Also, ich nicht, aber ich bin mir ziemlich sicher, dass Ihre Mutter während der Schwangerschaft ganz viel mit ganz harten Drogen experimentiert ...«

»Ich denk, wir steigen am besten an der nächsten Station gemeinsam aus und suchen uns eine ruhige Ecke.«

Wusste ich's doch. Am Bahnsteig konnten wir unsere Unterhaltung endlich fortführen, ohne die nervigen Störgeräusche der verrückten Hühnerbande. »So, Herr Pöööh.« Der dicke Obelix hielt mittlerweile meinen Ausweis, aber offensichtlich fehlten ihm die phonetischen Fähigkeiten, meinen Namen auszusprechen. Da stimmte, bis auf das P, kein Buchstabe mit dem, was in meinem Ausweis steht, überein. »Sind Sie mit einer Allgemeinen ...« »Ja«, unterbrach ich ihn. AfD. Der Jüngere zog sich seine PVC-Aidshandschuhe an und schenkte mir dabei einen Blick, der definitiv kein Unbehagen zum Ausdruck brachte.

Obelix leerte währenddessen meinen Rucksack aus. Unterhosen, Socken, zwei T-Shirts, meine Zahnbürste, mein Waschbeutel, ein angebissenes Baguette und mein Ladegerät verteilten sich vor den Polizisten, mir und den etlichen Passanten, die kopfschüttelnd vorbeigingen, in der Bahnhofshalle auf dem Boden. »Da muass ma aufpassen, bei de Terroristen und Drogenhändler«, applaudierte eine ältere Dame ihren Freunden und Helfern. »Ich bin aber weder das eine noch das andere«, antwortete ich, mittlerweile in Unterhosen und mit den Händen meines Freundes überall auf meinem Körper – meines Freundes und Helfers. Pardon. Eine absurde Situation für ein Gespräch mit einer alten Frau. »Ja, wenn man nix zu verbergen hat, dann hat man nichts zu befürchten!« Dieser Satz ist ungefähr so alt wie die gute Frau. Zu verbergen hatte ich einiges. Die Bremsstreifen in meiner Unterhose, den Inhalt meines Rucksacks und meine ins gräulich gehenden, uneingecremten Beine. Ich bekomme sehr oft trockene Haut, und die sieht man bei Dunkelhäutigen auch schneller. Ich konnte ja nicht ahnen, dass ich an diesem Tag noch strippen musste. Ja, ich hatte nichts zu verbergen und auch heute habe ich nichts zu verbergen. Aber das heißt nicht, dass ich alles preisgeben will.

Als ich mir dann meine Hose wieder angezogen hatte und mit dem nächsten Zug weiterfahren durfte, wodurch ich eine ganze Stunde verlor, dachte ich mir, dass es gut wäre, einen Plan im Umgang mit den Ordnungswächtern zu entwickeln. Gesagt, getan. Mittlerweile, wenn ich Polizisten auf mich zukommen sehe, hole ich immer schon meinen Ausweis raus, öffne die Hose, lass sie runter und sag: »So, Herr Schutzmann, ich wär dann so weit.« Man will sich ja kooperativ zeigen.

Aber ich kenne auch nicht *nur* Nachteile. Eine Zeit lang bot ich Kumpels meine Dienste an. Wer Drogen schmuggeln wollte, rief mich an und sagte: »Simon, fahr einfach vor uns her. Wir müssen über die Grenze.« Mein Auto wurde hinausgewunken und die anderen konnten in aller Ruhe ihre zwanzig Kilo Hasch hinübertransportieren. Ich kassierte nur fünf Prozent vom Gesamtumsatz.

24. Kapitel

Wo gesungen wird, da laufen wir davon

Nach dem Forellen-Desaster und dem Partyverbot feierten wir ab sofort wieder am See. Im Sommer hingen wir da auch oft ab und so schlecht ist es am See auch nicht: nicht teuer, man kann sich lauschig mit Mädels zurückziehen und mit der Gitarre um ein Lagerfeuer sitzen. Außerdem befanden sich keine denunzierenden Nachbarn in Sichtweite und ich musste am nächsten Tag nicht aufräumen. Das Problem war nur, dass wir noch keine Handys hatten. Wenn man sich verabredete, war es ratsam, auch zur verabredeten Uhrzeit am vereinbarten Treffpunkt aufzukreuzen, sonst schaute man ins Ofenrohr. Nun, Pünktlichkeit war nie meine Stärke, somit musste ich oft alleine zum See nachfahren und meine Clique in der Dunkelheit suchen. Ich konnte mich zum Glück an Lagerfeuern und Musik orientieren. Und falls ich mal auf eine falsche Party geriet, war das auch nicht so schlimm. Wir wissen ja: »Wo man singt, da lass dich ruhig nieder, böse Menschen haben keine Lieder.« Leider sagte mir niemand, dass das *nicht* für das Horst-Wessel-Lied gilt.

Meine Clique plante, unsere eigene inoffizielle Abiturparty am Olchinger See zu feiern. Ein letztes Mal sollten wir alle zusammensitzen, an dem Ort, wo wir so viele erste Male hatten. Die ersten Zigaretten, den ersten Rausch, den ersten

Kuss, den ersten Liebeskummer und, damit Hand in Hand einhergehend, den ersten Vollrausch. Um acht waren wir an der Hauptstraße verabredet, also ging ich pünktlich um acht ganz gemütlich duschen. Man war es gewohnt, dass ich nachkam. Ich fuhr also um circa Viertel vor neun um den Olchinger See, auf der Suche nach meinen Freunden. Nach einer Weile dachte ich, komm, probier einfach die nächste Party aus. Die Sucherei machte durstig und meine Freunde konnten schließlich noch ein bisschen warten. Und ich war nicht blöd, ich krachte doch nicht frontal in eine potenziell fremde Party, sondern schlich mich erst mal vorsichtig durchs Gebüsch an und beobachtete, wer da so feierte. Ich konnte ja quasi eins werden mit der Nacht. Je näher ich ans Feuer trat, desto klarer wurde mir, dass ich definitiv auf der falschen Party gelandet war. Die Jungs, die da ums Feuer saßen, trugen alle schwarze Springerstiefel mit weißen Schnürsenkeln, grüne Bomberjacken, Glatzen und manche waren mit schicken Runen tätowiert. Die wollen mich wohl eher nicht auf ihrer Feier haben, dachte ich mir, höchstens als Lichtquelle, als menschliche Fackel quasi.

Ich stellte mich erst mal tot und überlegte fieberhaft, wie ich aus der Nummer rauskam. Plötzlich tauchte neben mir ein Typ auf. Der war richtig dunkel. Vermutlich ein Inder. Pechschwarzes Haar, Mittelscheitel, Brille, Bomberjacke, Springerstiefel, weiße Schnürsenkel. Ein Leidensgenosse. Vielleicht würde uns gemeinsam die Flucht gelingen.

»Bruder«, sagte ich, »geile Verkleidung, aber damit kommst du wohl nicht durch. Besser nicht bewegen, ich glaub, da am Feuer sitzen Faschos. Deck besser deine Schnürsenkel ab, die sieht man sonst zu leicht!«

Er sah mich entgeistert an, fuhr mit seinem Finger über meinen Arm und sagte: »Hey, Nigger? Du färbst ja gar nicht ab. Was machst du hier? Hast du unser Lagerfeuer mit einer brennenden Mülltonne verwechselt?« Ich möchte an dieser Stelle betonen, dass der Bengel mindestens zehn Stufen schwärzer war als ich. Dagegen sah ich aus wie Heino.

Mir stockte der Atem. Der Inder drehte den Kopf zu seinen Mitstreitern und rief: »Jungs, schaut mal, was ich hier habe! Einen Nigger!«

Und dann kamen seine Jungs. Neun riesengroße Nazis und der Inder standen in einem Halbkreis vor mir. Ich war wie gelähmt und fühlte mich wie eine Maus vor der Schlange. Mir gingen tausend Sachen durch den Kopf, nur leider keine Lösung für diese Zwickmühle. Vorsichtshalber verabschiedete ich mich bereits von meinem Gebiss. Ich dachte aber auch über seltsame Sachen nach. Es war gewissermaßen interessant, weil ich bislang noch nicht wusste, was Weiße mit einem Schwarzen am Lagerfeuer machten, wenn sie ihn gefangen nahmen. Bei Afrikanern hat man durch Comics und alte Filme eine ganz klare Vorstellung. Also wenn einer »im Busch« von einer »Horde Afrikanern« gefangen genommen wurde, kommen jedem klare Assoziationen: Der wird am Holzpflock gefesselt, über den Flammen gegrillt und schließlich verzehrt. Aber andersherum? Hier bietet die Medienlandschaft keine Variante. Das wäre doch toll: Ein Haufen angriffslustiger Glatzen grillt gackernd einen nackten Afrikaner. Auf einmal kommt Adolf Schubeck, der böse Bruder von Alfons, aus dem Schilf hervor, reibt den Braten mit Ingwer ein und schmort ihn sanft unter ständigem Wenden.

»He, derf ma a bissl mitfeiern?«, hörte ich es plötzlich aus der Dunkelheit rufen. Oje, dachte ich, als ich ihn erkannte. Jetzt, Jahre später, kam die Rache für die Hasen und die vollgekackten Hosen. Mein Fastfreund Berni, der bei uns zum

Essen eingeladen war und solche Angst vor meinem Vater und den geschlachteten Hasen hatte, trat mit sechs weiteren stämmigen Burschen in Lederhosen ins Licht. Doch statt sich zum Drohkreis zu gesellen, bildeten die sieben einen Schutzwall vor mir. Offenbar war Berni selbst kein Nazi, sondern nur zufällig auch am See. Und er war meine Rettung! Er erkannte sofort den Ernst der Lage und flüsterte mir zu, ich solle abhauen, er lenkte die Nazibrut indessen ab. Damit sorgte er für meinen sicheren Rückzug. Flink wie ein Wiesel machte ich mich aus dem Staub. Mit klopfendem Herzen und Angstschweiß auf der Stirn. Als ich daheim ankam, beschloss ich, Berni am nächsten Tag zu besuchen und mich zu bedanken. Er hatte mir das Leben gerettet oder mich zumindest vor bösen Prügeln bewahrt. Was hätte ich in dieser Situation für eine seiner Windeln gegeben?

25. Kapitel

Urbane Flucht

Ich hatte nun endgültig keine Lust mehr auf das Leben in der Provinz. Die Nachbarn, das Gerede, die ständigen Kommentare, die Idioten am See, es reichte. Ich wollte nach München, urbanes Leben genießen, weg von den feindseligen Idioten, hin zu den hübschen Mädchen, der wilden Stadt, den echten Partys, den coolen Leuten. Mein Abi hatte ich mit Ach und Krach bestanden, meine Eltern schenkten mir etwas Geld und meinem neuen Leben als Stadtmensch stand nichts im Weg. Ich hab schnell eine luxussanierte Wohnung im Zentrum gefunden. Ein-Zimmer-Apartment mit Bad, separater Küche und Balkon 28 Quadratmeter für 560 Euro. Ich dachte: geil! 28 Quadratmeter Balkon klang doch schon mal ganz gut. Pustekuchen, die ganze Wohnung hatte 28 Quadratmeter.

Aber egal. Wilson organisierte einen Sprinter, den wir, zusammen mit Nancy, voll beladen Richtung Münchner Innenstadt lenkten. Papa und Mama waren schon mit dem Pkw vorgefahren, brachten Kleinzeug in die Wohnung, bereiteten eine Brotzeit vor und mussten dann leider ins Restaurant beziehungsweise auf die Bühne. Ein Umzug zu dritt ist ein bisschen komisch, weil immer zwei die großen Teile schleppen müssen, während einer alleine zurückbleibt. Der eine war ich, weil die GroKo beschloss, dass ich der Schwächste war. Frechheit. Jetzt stand ich da, beleidigt wegen des Affronts – von wegen der Schwächste –, und zerrte an der Couch, um sie aus dem Transporter zu bekommen. Ich machte ungefähr die gleichen Geräusche wie damals, als ich über den Nylonfaden gestolpert und mit dem Rücken auf die Brücke gekracht bin. Die Couch bewegte sich keinen Millimeter, dafür platzte mir eine Ader im Auge. Das konnte ich nicht auf mir sitzen lassen. So beschloss ich, zwei Kartons auf einmal zu tragen. Da meine Arme zu kurz waren, um die Kartons irgendwie normal, sprich unterhalb meines Kopfes, zu transportieren, tat ich das, was wir Afrikaner angeblich am besten konnten. Kartons auf den Kopf, ein lustiges Lied auf den Lippen, und die Arbeit macht sich von ganz alleine. Dabei hatte ich vieles nicht bedacht. Zwei Kartons auf den Kopf zu bekommen, geht, sie jedoch runterzubekommen, das ist eine andere Sache. Da fiel mir direkt meine zweite Unachtsamkeit auf. Zwei voll beladene Umzugskisten sind eine Menge für den Atlaswirbel, der darauf ausgelegt ist, nur diesen einen Kopf zu halten. Das Dümmste an der Sache war, dass meine Wohnung im vierten Stock lag. Ohne Aufzug selbstverständlich. Jetzt keine Schwäche zeigen, das ziehst du durch, dachte ich mir.

Ich trug also mit gespielter Ruhe und singend die Kartons hoch. Kurz vor dem Ziel riss auf einmal meine Nachbarin aus dem dritten Stock in Unterhosen die Tür auf. Aber nicht etwa die Nachbarin, die man sich in Unterhosen wünscht. Sie trug keine Dessous, sondern ein astreines Feinrippensemble, um die wichtigen Teile ihres Körpers zu bedecken. Weniger Kategorie Pornostar, eher aus dem Panoptikum eines Wanderzirkus entlaufen. Die bärtige Lady. Und da war viel Bart, oben- *und* untenrum. Sie stand vor ihrer Wohnungstür, starrte mich mit aufgerissenen Augen an und schrie: »Wir sind doch hier nicht im Urwald!«

Na, so wird man doch gerne begrüßt, dachte ich mir und

wollte schlagfertig antworten, die Macht der Worte und so. Leider hatte ich weder die Puste noch die Konzentration, um etwas Anständiges herauszubringen, außerdem hatte ich mir kurz davor ein Karamellbonbon in den Mund geschoben, das an meinem Gaumen klebte, und konnte deswegen nur Klicklaute ausstoßen. Das und mein blutunterlaufenes Auge schien sie beeindruckt und in die Defensive gezwungen zu haben. Ihr eben noch wütender Blick wurde ängstlich, und sie sagte: »Sie müssen wissen, meine Mutti ist doch ein Pflegefall!«, und zog ihre Mutter in den Türstock, damit ich sie sehen konnte. Im ersten Moment dachte ich, dass meine neue Bekanntschaft sich für ihre komische Aussage entschuldigen wollte, dass sie nervlich stark belastet sei, weil sie den ganzen Tag mit der Pflege ihrer Mutter zu tun hatte. Dann bemerkte ich aber, dass sie einen irren Blick bekam und die ganze Zeit auf ihre Mutter deutete.

Jetzt wurde mir ihr Gedankengang klar. Sie dachte wahrscheinlich: Wenn der wilde Buschneger wütend wird oder Hunger bekommt ... Der Löwe jagte auch nicht die junge, voll im Saft stehende Antilope, sondern riss sich ein schwaches oder verletztes Tier.

Da meine Beine anfingen zu zittern, beschloss ich, mich der Kartons zu entledigen. Ich ließ die beiden Damen stehen und nahm die letzten Treppenstufen in Angriff, wo mein Bruder schon lachend an der Tür wartete. »Ich hab gewusst, dass du irgendwas Dummes machst, um uns zu beweisen, dass du nicht der Schwächste bist. Kann ich dir was abnehmen, Bruderherz?«

Alles, was ich fertigbrachte, war, mit meinen Augen in Richtung der Last auf meinem Kopf zu zeigen, und er verstand.

Nachdem ich meinen Geschwistern von der netten Begegnung mit meiner neuen Nachbarin erzählt hatte, schmiedeten wir einen kleinen Plan.

Da ich die hohe Kunst der Diplomatie von meinem Vater gelernt habe und ein eher harmoniebedürftiger Mensch bin, wollte ich am nächsten Tag einen versöhnlichen Neuanfang starten. Also zog ich mir mein Baströckchen an, malte ein paar schicke Muster auf meinen Oberkörper, steckte mir einen fetzigen Knochen durch meine Haare und ging mit Kochtopf unterm Arm zu ihr hinunter. Klingelte mit einem ähnlich irren Blick, wie sie ihn am Tag zuvor aufgesetzt hatte, und wartete, bis sie öffnete. So, wie sie sich es vermutlich wünschte. Als sie die Tür aufmachte, wurde sie kreidebleich.

»Guten Tag«, sagte ich. »Ich möchte Sie und Ihre Frau Mutter gerne zu mir nach oben zum Essen einladen.«

Drei Wochen später sind Mutter und Tochter in einen anderen Stadtteil gezogen.

Ich wollte mir von einer verrückten Nachbarin aber nicht mein positives Bild von München zerstören lassen. Direkt am zweiten Tag machte ich mich mit Basti, der mittlerweile auch in München wohnte, auf Jobsuche in der großen Stadt. Ich war noch nicht an der Uni eingeschrieben, weil ich nicht so recht wusste, welcher Studiengang mir am meisten liegen könnte, Basti hingegen schon. Er studierte BWL, weil er dachte, damit mal später viel Geld zu verdienen.

Und wo findet man Arbeit? Auf dem Arbeitsamt! Nix wie hin! Ich musste mich bei den normalen Jobs für Arbeitslose anstellen, während Basti am Schalter extra für Studentenjobs sein Nümmerchen zog. Die für mich zuständige Sachbearbeiterin hieß Frau Sossenbach.

»So, grias Gott, Herr ... Pas ... Pes ... Pintz ... Pöntz ... Pantz ... Pährtz ...«

»Pearce. Machen Sie sich keine Gedanken, Frau Sossenbach, den Namen kann selten jemand korrekt aussprechen.«
»Ah ja, Herr Pöltz. Sie wolle Arbeit? Das ist sehr löblich. Spreche Deutsch?«

Hatte sie meine gerade gesprochenen Sätze nicht verstanden? War sie dumm? Oder nur borniert? Ich entschloss mich, es auf gut Bayrisch zu versuchen.

»Deitsch konn i scho, aber liawa wars ma auf Boarisch.« (Übersetzung: »Selbstverständlich spreche ich Deutsch, aber wir können uns von mir aus auch auf Bayrisch unterhalten.«)

Doch sie kam nicht aus ihrer Nummer raus.

»Habe Auto oder nur fahre Bahn?«
»I hob a Auto und an Führerschein.«
»Sehr gut sein das. Könne arbeite Küche. Spüle. Sauber mache.«

Mit diesen Worten drückte sie mir einen Zettel der Adresse eines Restaurants in Oberschleißheim in die Hand. Als ich rausging, kam mir Basti entgegen. »Zefix, die vermitteln mich drüben nicht, weil ich keine Bescheinigung für die Uni hab«, sagte er und rauschte an mir vorbei zu meiner Sachbearbeiterin, während er weiter vor sich hin grummelte. »Meine mündliche Versicherung genügt denen nicht. Das Wort eines Bürgers ist offenbar nichts mehr wert in der heutigen Zeit.« Leider hatte er bei Frau Sossenbach auch keinen Erfolg, da diese sich nur um Arbeitslose, aber nicht um Studenten kümmere. Seltsames System, so ein Arbeitsamt.

Am nächsten Tag ging Basti morgens in die Uni und holte sich die entsprechende Bestätigung für sein Studium. Dann sprach er noch mal bei einer intelligenten Sachbearbeiterin vor und hatte Erfolg. Wir trafen uns zum Kaffeetrinken in der Uni-Mensa.

»Geil, das Mathäser-Kino macht doch neu auf und die suchen Leute«, berichtete er mir begeistert.

»Das Mathäser-Kino? Ich dachte, die renovieren noch?«, fragte ich etwas verwundert.

»Ja, das stimmt, aber sie sind fast fertig, eröffnen nächste Woche und suchen jetzt einen Haufen Leute. Ruf halt da auch einfach an.«

Das Mathäser ist ein großer Gebäudekomplex, nur wenige Schritte vom Münchner Hauptbahnhof entfernt. Ende des siebzehnten Jahrhunderts entstand dort ein riesiger Bierausschank mit Festsälen, Biergarten und eigener Brauerei. Kurz nach dem Ersten Weltkrieg wurde dort von Kurt Eisner, dem ersten Ministerpräsidenten des Freistaats Bayern, die Münchner Räterepublik ausgerufen. Man kann es sich heute kaum noch vorstellen, aber mit eifriger Unterstützung von großen Künstlern wie Oskar Maria Graf und Erich Mühsam hatte München im Jahre 1919 für einen knappen Monat einen anarchistischen Zentralrat. 1957 entstand dort ein großes und sehr beliebtes Kino, in dem ich mit meinen Eltern und Geschwistern als Kind ein paarmal gewesen war. Als das Gebäude sehr baufällig geworden war, stellte die Gastronomie und gleichzeitig das Kino kurz vor der Jahrtausendwende den Betrieb ein. Es sollte ein neues, hochmodernes Multiplex-Kino entstehen. Lange Zeit konnte man nur ein verhülltes Baugerüst sehen, daher war ich der Meinung, die Renovierungsarbeiten würden noch andauern. In einem Kino arbeiten? Warum eigentlich nicht? Ich liebte schon immer Filme und war sowieso voller Tatendrang, also rief ich an. Ich hatte mich kurzfristig für ein Lehramtsstudium entschieden, war so gut wie eingeschrieben und konnte mich somit auf eine studentische Teilzeitstelle bewerben.

Gemeinsam mit Basti ging ich zum Vorstellungsgespräch – und wir wurden beide eingestellt! Zunächst arbeiteten wir im Service, sprich: Popcorn zubereiten, Popcorn verkaufen, Softdrinks auffüllen, Softdrinks verkaufen, Nachos auffüllen, Nachos verkaufen und so weiter. Die Uni sah mich allerdings relativ selten. Ich hatte Gefallen an dem Kino gefunden und das Kino anscheinend auch an mir. Nach einer kurzen Zeit wurde ich in die Betriebsleitung befördert und war plötzlich Chef. Na gut. Zweitchef. Chefchen. Ich hatte eine leitende Funktion. Und vor allem konnte ich Basti Anweisungen geben. Ich habe es geliebt, er nicht.

»Herr Pöschl, können Sie bitte einen Sack Popcorn aus dem zweiten Obergeschoss ins Erdgeschoss tragen?«

»Und dann?«

»Dann tragen Sie ihn bitte wieder zurück. Gerne zeitnah erledigen!«

»Fick dich, Simon!«

»Ficken Sie sich, bitte schön!«

Ich musste lachen, Basti sehnte sich nach Rache.

Aber das Kino trug trotz der Beförderung nicht die Hauptschuld an meiner mangelnden Studienmoral. Noch immer war es eine studentische Teilzeitstelle, die mir genug Zeit bot, die Uni zu besuchen. Allerdings war ich schwer mit den Vorzügen des Großstadtlebens beschäftigt. In Puchheim war alles überschaubar. Das Kinoprogramm, die Bardichte, von Clubs gar nicht zu reden, die kulinarische Auswahl und natürlich die Anzahl der Frauen. Also, es gab schon viele, aber irgendwann kannte ich alle – und vor allem kannten sie sich. Der Vorteil bei dem Job war, dass man ununterbrochen Mädchen kennenlernte und sich durch unser

Freikartenkontingent auch rasch mit ihnen verabreden konnte. Ein sehr gutes Konzept. Ich dachte, jetzt läuft alles von alleine.

26. Kapitel

Sing nicht ihre Lieder

Ich hielt mich damals für einen ziemlich coolen Motherfucker. Zumindest, wenn ich das Ansprechen der Mädels zu Hause vor dem Spiegel übte. Oder mit der Hilfe meiner Stofftiere. Da klappte das super. Jeder Blick saß. Der coole Blick. Der lustig-sympathische Blick. Der auffordernde Sich-dazusetzen-Blick. Eigentlich hätte es reibungslos klappen müssen, denn die Stofftiere reagierten nach meinen Wünschen. Wow, wie geil schmuste ich mit denen. Aber die Mädchen in der Stadt reagierten nicht so wie von mir gewünscht und eingeübt. Ich lud, wie gesagt, immer wieder schöne junge Damen ins Kino ein, was aber nicht hieß, dass automatisch auch was mit ihnen lief. Auf dem Land war das irgendwie einfacher, ich glaube, auch deshalb, weil man sich da schon lang kannte und die gleichen Slang-Ausdrücke drauthatte. In München war das leider anders. Ich war ein Vorstadt-Cowboy, der noch nicht so recht wusste, wie das alles funktionierte in der Stadt, mit den Clubs und den Cafés und dem geeigneten Moment, bei dem man zum Kuss oder was auch immer ansetzte. Bei meinen bisherigen Freundinnen lief es immer easy ab: Ich lud sie nach der Schule zu mir ein, hoch in mein Zimmer, legte coolen Hip-Hop auf, Arm um die Schulter, Knutschen, Petting, dann kam einer meiner Elternteile reingerauscht, peinliche Situation und so weiter und so fort. Aber nun war alles komplizierter.

Ich versuchte alle Varianten, die mir einfielen. Gleich beim

Begrüßungsbussi zärtlich werden, war keine gute Idee. Die harmloseste Reaktion war ein konsterniertes Gesicht, die härteste war eine schallende Ohrfeige oder gleich eine Portion Pfefferspray. Das war also zu direkt. Seltsam, mein Plüsch-Elch hatte immer gleich zurückgeküsst, als gäbe es kein Morgen. Also versuchte ich etwas anderes: im Kino meine berühmte Schulterumarmung. Leider wurde diese ignoriert. Vielleicht ein Horrorfilm? Ich lud Agnes, eine sehr süße Neunzehnjährige, in »Ring« ein. Mit der tollen Naomi Watts! Bereits in der ersten Szene erschrak ich so krass, dass ich mich in ihren Oberarm verkrallte. Ich glaube, ich kreischte sogar leise. Agnes sah mich leicht angewidert an und sagte fünf Minuten später, sie müsse mal kurz auf die Toilette. Ich habe sie nie wiedergesehen. (Wenn du diese Zeilen hier liest, Agnes: Es tut mir leid. Ich würde es gern wiedergutmachen!)

Dann die neue Strategie: nach dem Kino noch was trinken. Jedes Mal lernten wir dabei Leute kennen, die jede Erotik im Keim erstickten, oder meine Bekanntschaften trafen »zufällig« Freunde. Der letzte Anker zum Glück: der Abschiedskuss. Den hatte ich tausendmal mit meinen Stofftieren einstudiert, aber mit richtigen Mädchen ist es irgendwie nicht dasselbe, vor allem, weil ich meine geübten Blicke irgendwie durcheinanderbrachte und sie mischte. Auf manche Mädchen wirkte ich eventuell wie ein durchgeknallter Psychokiller. (Auch hier. Falls das eins der Mädchen liest, die damals meinem irren Blick ausgesetzt waren: Es tut mir leid, es war ein verzweifelter Flirtversuch.) Gegen das Tränengas war ich inzwischen nahezu immun und wollte schon aufgeben, verwarf diesen Blödsinn aber und machte einfach hartnäckig weiter. Einmal stand eine hübsche und mindestens ein Meter achtzig große junge Frau an der Popcorntheke an. Als sie dran war, setzte ich mein coolstes Lächeln auf und sagte: »Hi.« »Ogottogott«, antwortete sie, fast erschrocken. »Wo ist denn der Rest von dir?«

»Die anderen? Meinst du meine Kollegin? Die ist grad im Lager. Aber wir können uns gern unterhalten.«

Ich verstand die Anspielung auf meine Körpergröße erst, nachdem sie die Fanta, die ich ihr spendiert hatte, nahm und von dannen zog. Frechheit! So eine Bitch!

Ich fragte Basti um Rat. Er empfahl mir, doch in einen Club zu gehen und die Mädchen einfach mal anzutanzen, um das Eis zu brechen. Das war noch weit vor den Vorfällen in der Kölner Silvesternacht, da konnte man mir das noch guten Gewissens raten. Antanzen zu dieser Technomusik, die in fast allen Clubs lief, gestaltete sich allerdings als schwierig. Zumindest, wenn man sexuelles Interesse damit zum Ausdruck bringen wollte. Egal was ich versuchte, ich sah immer aus wie ein Eichhörnchen auf Kokain, das wahnsinnig dringend auf Toilette musste. Cool geht anders.

Vielleicht würde es auf einer Ragga- und Dancehallparty besser laufen, da würde ich als Schwarzer positiv im Mittelpunkt stehen und zu dem Sound könnte ich mein ganzes automatisch angeborenes Rhythmusgefühl zum Ausdruck bringen.

Gesagt, getan. Basti und ich fuhren ins Backstage, einen lässigen Independent-Club an der Donnersberger Brücke, etwas außerhalb des Zentrums. Die Leute dort wirkten schon viel angenehmer. Die Jungs waren größtenteils lässig und trugen Kapuzenpullover wie ich. Allerdings waren viele von ihnen auch übertrieben tolerant und weltoffen, fast schon zu viel für meinen Geschmack. So sehr wollte ich dann doch nicht im Mittelpunkt stehen. Jeder Zweite erzählte mir ungefragt, dass er auf Weltreise war und dass er »meine Kultur« viel interessanter und die Menschen »total open-minded« und trotz des Elends immer so fröhlich fand. Es gibt freilich Schlimmeres als tolerante Menschen, aber dieser Weltreise-Trend ist schon seltsam. Und ab wann darf man eine lange Reise eigentlich Weltreise nennen? Ein Großteil der Leute, die mir im Backstage von ihrer Weltreise erzählten, ließen nämlich einen klitzekleinen Teil der Welt aus, wie ich bald herausfand.

»Ich hab ne Weltreise gemacht. Wahnsinn.«

»Weltreise? Cool. Wo warst du in Afrika?«

»Ach so, nee, in Afrika waren wir nicht, dafür in Harlem, da waren auch Schwarze.«

Wobei: Streng genommen erzählte ein vorurteilsfreier Weltreisender nicht so direkt von seinen Abenteuern. Das passierte subtiler. Sie verlernten ganz gern spontan ihre eigene Sprache. Da stand man beim Rauchen und einer dieser Leute kam auf dich zu und sagte: »You sorry, brother, you got like a cigarette ... Oh sorry ... jetzt bin ich ins Englische gerutscht. Was ist noch mal das deutsche Wort für cigarette?« Und ich schwöre: Noch *nie* hörte ich jemanden sagen: »Phak thang bang kho ... äh, sorry, war drei Monate in Thailand. Ich wollte nur fragen: Hast du mal Feuer?«

Noch schlimmer als die Typen waren die Mädels auf jenen Feiern im Backstage. Weil die quatschten einen an. Das klingt auf den ersten Blick ganz angenehm und nach dem, wonach ich suchte. Aber Mädels, die einen auf Ragga-Partys anquatschten, zumindest die, die mich anquatschten, waren entweder pleite und hatten Durst, sahen seltsam aus oder hatten riiiichtig einen an der Klatsche.

Ich befand mich gerade auf dem Weg zur Bar, da stellte sich mir schon eine in den Weg. Sie hatte frisch geflochtene Rastazöpfe, vermutlich aus dem Jamäääika-Urlaub, ein selbst gebatiktes T-Shirt und ich glaube auch selbst gebatikte Augenringe, weil so richtig fit sah sie nicht mehr aus, die Alte. Sie konnte sich auch wahnsinnig gut bewegen, wahrscheinlich weil sie eine Woche in einem Yogatempel verbrachte. Und so stellte sie sich mir in den Weg, mit ihrer terrakottafarbenen Aura.

»Hi, so ... ich bin die Jil sooo. Wie heißt du so?«

»Hi ... Jilso ... Ich bin der Simon.«

»Wow, das ist voll der schöne Name, was bedeutet der?«

»Nix, glaub ich.«

»Wow, voll schön. Sag mal, wo kommst du denn her?«

»Aus München.«

»Nein, ich meine: eigentlich.«

»Ach so, haha, merkt man mir das Ländliche an. Hihi, tja. Also in Wahrheit komm ich aus Puchheim!«

»Haha. Blödmann. Sprichst du denn auch die Sprache deiner Heimat?«

»Puchheimerisch unterscheidet sich nicht allzu sehr vom Münchnerischen.«

»Nein, jetzt komm, sag halt. Was für eine Sprache ist dein Heimatdialekt?«

»I ko scho in da Sprach vo meiner Heimat ren, awa i glab, na verstehst mi nimmer gscheid, Spatzerl.«

»Was?«

»I hab gsagt: A freile sprich i d'Sproch, aber des derfst scho glauben, dass d' koa Wort ned verstehst, wenn i ofang.«

»Na ja. Wie auch immer. Aber ich versteh deinen Frust. Schon schrecklich, was wir deinem Volk da unten antun.«

»Äh, wen meinst du jetzt genau? Uns Bayern geht's doch ganz gut?«

»Weißt du, Afrika ist einfach schön. Hast du Lust, zu tanzen?«

»Naa, liawa ned, i glaub, i brauch etz erstamoi a Hoibe, host mi?«

»Du brauchst doch aber keinen Alkohol, um zu tanzen. Ihr habt doch den Rhythmus eh im Blut.«

»Wer: ihr?«

»Na ihr ... «

Spätestens an dieser Stelle kommt immer mein Lieblingsmoment in dieser Art von Gespräch. Das böse Wort. Jenes, das man nicht sagt. Egal welches Synonym man verwendet, es ist im Zweifelsfall immer falsch. Der Ausdruck des Grauens. Die Benennung aus dem Schattenreich. Die Nomenklatur von dem, der nicht genannt werden darf. Und ich meine nicht Lord Voldemort. Jenes Wort, das Kurti so kinderleicht über die Lippen ging. Sie stammelte herum wie alle braven Menschen an dieser Stelle. Und ich beneide da niemanden darum. Man kann es ja, wie gesagt, nur falsch machen. Jeder fühlt sich von einem anderen Wort beleidigt. Manchmal schon aus Prinzip. Ich sag immer, der Ton macht die Musik. Ich höre natürlich auch nicht jedes Wort gern, aber trotzdem muss man nicht immer gleich beleidigt sein.

Eine halbe Ewigkeit. Stammel, stammel, stammel. In der Zwischenzeit hätte ich locker ein Bier trinken können. Und einen doppelten Schnaps, den ich aber nicht brauchte, weil *wir* doch den Rhythmus im Blut haben. Endlich fand sie ihre Sprache wieder. Mir waren beinahe schon die Augen zugefallen.

»Du als ... Mulatte ... halt nee, das geht gar nicht, das sagt man schon lange nicht mehr. Ähh ... Farbiger ... nee. Hallo?! Wenn hier jemand farbig ist, dann bin ich das ja wohl. Ich kann rot werden, wenn ich nervös bin, ich bekomm blaue Flecken. Du bist immer schwarz, na ja, so richtig schwarz biste auch nicht, außerdem ist Schwarz nicht mal ne richtige

Farbe. Braun ist halt schwierig, wegen politisch und so. Hallo?! Wir haben ne Vergangenheit! Das wäre falsch ... Afroamerikaner ... Nee, du bist aus Bayern, sagtest. Wie möchtest du denn genannt werden? Man sagt, glaub ich, heutzutage korrekt Maximalpigmentierter, gell?«

»Maximalpigmentierter!? Das klingt wie ne Krankheit. Oder Durchfall.« Scheiße, war ich geil in Fahrt. »Verflixt, wir haben hier einen Maximalpigmentierten! Bringt die Kinder ins Haus!«

»Du bist schon ein bisschen sonderbar, oder?«

Jetzt war ich in »Stimmung« und fragte sie: »Wo hast du eigentlich so gut Deutsch gelernt?«

Aber im Ernst. Da ist mir ein Neonazi mit einem gesunden »Drecksneger« fast lieber. Der haut den Begriff einfach raus und man weiß, wo man steht beziehungsweise dass man besser rennt.

Die Party ging, nachdem die Öko-Tante die Flucht ergriffen hatte, weiter. Ich beobachtete die Partygäste. Ein ganz eigenes Völkchen. Bisschen Dreadlocks wachsen lassen, was von Frieden erzählen, Peace-Zeichen (nicht zu verwechseln mit dem megacoolen »Pearce-Zeichen«) an den Holz- oder Lederketten zur Musik in die Luft werfen. An sich alles gut. Und ich bin und war natürlich der letzte Mensch, der ein Problem mit toleranten Menschen hat. Aber einige schießen eben ein bisschen über das Ziel hinaus. Und vor allem schienen sie die Texte zur Musik nicht zu verstehen, die teilweise äußerst rassistisch und homophob sind. Beispielsweise das Lied *ChiChi Man*. Schöne Melodie. Und geeignet, mit einem in die Luft gestreckten Peace-Zeichen dazu zu tanzen. Der Text geht so:

From dem a par inna chi chi man car
Blaze di fire mek we bun dem!!!! (Bun dem!!!!)
From dem a drink inna chi chi man bar
Blaze di fire mek we dun dem!!!! (Dun dem!!!!)

Ins Deutsche übersetzt heißt das ungefähr so viel wie:

Sollten sie zusammen in einem Schwulen-Auto sitzen,
Entfesselt das Feuer, lasst sie uns verbrennen! (Verbrennt sie!)
Sollten sie zusammen in einer Schwulen-Bar trinken,
Entfesselt das Feuer – lasst sie uns fertigmachen! (Fertigmachen!)

Zu diesem Lied zu tanzen und von Frieden zu reden, ist ungefähr so sinnig, wie ein Entenküken vor dem Ertrinken zu retten, während man eine Portion Chicken Wings in sich reinschiebt. Friede sei mit euch, dachte ich und verließ gegen Mitternacht die Festivität. Wieder ohne ein Mädchen.

27. Kapitel

Phantom der Opfer

Es wollte und wollte einfach nicht laufen mit den Frauen. Ich fragte mich, ob die anderen die gleichen Probleme hatten und in Wirklichkeit kein Mensch in dieser Stadt Sex hatte. Ich beschloss, mich einfach mal ein Wochenende daheim vor dem Fernseher auszuruhen. Ich arbeitete nach wie vor als einer der Betriebsleiter, ein verantwortungsvoller und wesentlich besser bezahlter Job, jedoch auch viel anstrengender als am Tresen, so wollte ich mir auch mal etwas Ruhe gönnen. Basti arbeitete immer noch im Service, er hätte ebenso aufsteigen können, wollte aber sein Studium nicht vernachlässigen und arbeitete nach wie vor nur fünfundzwanzig Stunden in der Woche.

Ich hatte mir feine Mirácoli-Pasta in der Fertigpackung besorgt, außerdem ein paar Flaschen Spezi, falls ich Laune bekam, ein paar Flaschen Augustiner-Bier und eine Dreierpackung Fertigpudding mit Sahne. Es war Samstagvormittag, ich war frisch geduscht und freute mich auf etwas Wellness auf der Couch. Da klingelte es an der Tür. Ich blickte auf die Uhr, 10 Uhr 40. Vielleicht der Postbote. Ich ging an die Sprechanlage.

»Ja, bitte?«, fragte ich höflich.
»Hi, ich bin's.«
»Wer?«
»Spasti.«

»Was? Wer nennt mich hier Spasti? Was soll das? Hat man denn nie seine Ruhe vor diesen ewigen diskriminierenden ...«

»BASTI!«

»Ach so, Basti! Hi! Ich mach dir auf!«

Ich drückte aufs Knöpfchen und Basti kam hoch. Er war kreidebleich.

»Was ist denn passiert?«, fragte ich erschrocken.

»Hast du Bier da?«

»Ja, aber es heißt doch normalerweise: *kein Bier vor vier.*«

»Das ist jetzt egal. Ich muss was mit dir besprechen.«

Fuck, das hörte sich nicht gut an. Hatte er eine Krankheit? War jemand gestorben? Hatten sie ihm im Mathäser-Kino gekündigt? Ich holte ihm sein Bier und mir vorsichtshalber auch eins. Wir setzten uns auf die Couch.

»Okay, Simon, ich muss dir was sagen. Aber bitte lach mich nicht aus oder so, es ist wirklich was Ernstes.«

»Jetzt spann mich halt nicht so auf die Folter.«

»Erst wenn du mir versprichst, dass du nicht lachst und es auch erst mal für dich behältst.«

»Was eierst du so rum, sag's mir halt, ich erzähl's natürlich keinem weiter, wie denn auch? Ich bin doch außer mit dir mit niemandem befreundet.«

»Puh, ich weiß nicht, wie ich dir das sagen soll.«

»Raus mit der Sprache, du Arschgeige. Sag's mir halt oder bist du schwul?«

»Ja, genau.«

»Was?«

»Ich bin schwul.«

»Was?«

»Ja, echt. Ich hab das schon länger gespürt, aber jetzt kann ich es nicht mehr länger geheim halten.«

»Iiiiieh«, sagte ich lachend und rückte scherzhaft einen halben Meter von ihm weg. »Aber du willst jetzt nicht Popoliebe mit mir machen, oder?«

»Hey komm, das ist mir gerade echt wichtig. Ich will nicht, dass du das ins Lächerliche ziehst.«

»Das ist doch Blödsinn, oder? Man wird doch nicht von heut auf morgen schwul!«

»Ich war schon immer schwul und ich denk die ganze Zeit an Männer.«

»Na, hoffentlich auch ab und zu an mich.«

»Nein, ich sagte doch: *Männer*.«

»Du Arschloch!«

»Hahaha.«

»Aber das ist doch in der heutigen Zeit nicht schlimm. Viele sind schwul«, sagte ich mit gütigem Blick. Aber überrascht war ich schon, dass er so lange brauchte, um herauszufinden, dass er eigentlich auf Kerle stand. Ich kannte ihn ja nun schon über zehn Jahre.

»Findest du es nicht komisch oder irgendwie blöd?«

»Hallo! Ich bin ein Neger! Da werd ich grad was gegen Schwule haben!«

»Meinst du, ich kann es auch anderen Leuten sagen?«

»Logisch! Immer raus damit! Ich bin mir sicher, es wird jeder völlig normal finden.«

Ich verwarf also meinen Plan, das Wochenende ruhig vor der Glotze zu verbringen, und ging abends mit Basti in eine Bar, wo er jedem Mann und jeder Frau ungefragt erzählte, dass er nun homosexuell sei. Ob sie es hören wollten oder nicht.

Währenddessen stand ich daneben und überlegte mir, dass es nur folgerichtig und logisch war, dass gerade *mein* bester Freund schwul war. Wenn schon Randgruppe, dann auch mit anderen Randgruppen rumhängen. Auf alle Fälle machte mich dieses Outing von Basti *noch* sensibler gegenüber anderen, ebenfalls als nicht vollständig integriert geltenden Bevölkerungsteilen innerhalb unserer Gesellschaft.

Wie sollte ich ihn künftig vorstellen? »Das ist mein schwuler Freund Basti«? Eigentlich ist es schlimm, dass man das noch dazusagen muss. Aber »Das ist mein Freund Basti« würde möglicherweise bedeuten, dass ich auch vom anderen Ufer war – und das war und bin ich halt absolut nicht. Da können noch so viele komische Frauen daherkommen, ich bin so hetero wie Bruce Willis, John Wayne und Samuel L. Jackson zusammen.

Ich entschied mich, einfach zu sagen: »Das ist mein bester Freund Basti.« Allerdings: Freund war untertrieben. Wir waren mittlerweile fast wie Brüder. Aber leider wie Kain und Abel. Eine Art Hassliebe, aber wir wussten beide immer, wie gewisse Unverschämtheiten, Beleidigungen oder Zoten gemeint waren. Und nach seinem Outing trainierte er sich rasch viele schwule Bewegungen an. Auch seine Stimme wurde höher und er zog gern theatralisch die Augenbrauen hoch. Wenn wir draußen rauchten, stand er immer da wie Peter Pan kurz vorm Niesen, mit deluxierter Hüfte. Ich versuchte, ihn sehr dezent darauf aufmerksam zu machen. »Also, Basti, ich glaub, du musst das niemandem sagen, bei dir sieht man mittlerweile sofort, dass du schwul bist.« Seine Antwort kam schnell: »Du, Simon, du musst es auch niemandem sagen, bei dir sieht man auch sofort, dass du ein Nigger bist.« »Einen kleinen Unterschied gibt es schon. Ich werde mich nicht am Weihnachtsabend unter Tränen bei meinen Eltern outen müssen. Mama, Papa … ich glaub, ich bin schwarz.« Bääm! Eins zu null für mich.

So laufen traditionell unsere Gespräche ab, bis heute. Ich

fragte ihn mal per SMS, ob er mir vielleicht beim Umzug helfen würde. Ich zog aus meiner Ein-Zimmer-Wohnung in eine etwas größere um und schrieb ihm folgende Worte: »Servus, Homofürst. Kannst du mir am Sonntag beim Umzug helfen? Als Dank darfst du auch mal nen afrikanischen Penis sehen. Eine Aidshand wäscht die andere. Knick-Knack. Bussi, Simon.« Bastis Antwort kam prompt: »Servus, du Hure. Ich lehne dein als Prachtschwengel getarntes Gonorrhoedenkmal dankend ab. Zu viele Gänsearschlöcher mussten dank dir dran glauben. Außerdem hab ich keinen Bock, mal wieder Drittweltbotschafter für deine parasitären Belange zu spielen. Kleb dir doch einfach ein paar Fliegen ins Gesicht und frag bei Miserior nach, hilft doch sonst auch bei deinem Stamm. Heil. Deine Beate Zschäpe.«

Das war so unser Humorniveau, für mich vollkommen in Ordnung, solange es im privaten Rahmen bleibt. Man sollte nur in der Öffentlichkeit ein bisschen aufpassen.

Einmal überspannte er den Bogen. Vielleicht war es eine späte Rache für meine Schikanen als Chef? Ich musste an jenem Tag wegen einer Kundenbeschwerde in den Kinosaal. Die Kunden waren zufällig ungefähr in meinem Alter und so ein bisschen im Gangsterlook. Er, der harte Junge aus Neuperlach, dem Münchner Ghetto, und seine Freundin geschminkt, als würde sie an einem amerikanischen Schönheitswettbewerb teilnehmen, mit Ohrringen, die sie ebenso gut als Hula-Hoop-Reifen hätte einsetzen können.

»Hallo, wie kann ich euch helfen?«

»Scheiße, Mann, wir wollen unser Geld zurück«, blökte er mir direkt entgegen.

»Okay, und was ist der Grund für die gewünschte Rückerstattung?«

»Der Film war Scheiße.«

Ich sah mir die Karten genauer an.

»Ihr habt den Film aber zu Ende geschaut. ›Phantom der Oper‹, was hat denn nicht gestimmt mit dem Film?«

»Wir wollten in einen Horrorfilm gehen.«

»Ein Horrorfilm? ›Phantom der Oper‹?«

»Wir dachten, der Film heißt ›Phantom der Opfer‹!«

Tja, was tat man in solch einer Situation? Ich erklärte den beiden, dass ich ihnen ihr Geld mit dieser Begründung nicht auszahlen konnte.

»Wenn man ein Gericht bestellt, das man nicht kennt, es aber trotzdem aufisst, auch wenn es nicht schmeckt, bekommt man sein Geld auch nicht zurück.«

Jetzt setzte er auf die Mitleidskarte und siezte mich schlagartig: »Ach kommen Sie, das machen Sie doch nur, weil wir Ausländer si...!« Mitten im Satz unterbrach er sich selbst. Er hatte wohl realisiert, dass die Ausländermitleidstour bei mir nicht zog. Es folgten heftige, mühselige Diskussionen. Da kam Basti gerade aus der Pause zurück, sah mich mit dem Pärchen reden und kam, in seinem Serviceoutfit, auf uns zu. Ich kann bis heute nicht genau sagen, was ihn ritt, vielleicht war es ihm einfach egal, dachte nicht darüber nach oder es war wirklich ein Racheakt. Auf jeden Fall kam er dazu, der als Servicemitarbeiter mir unterstellt war, legte in seinem Dienstoutfit lässig den Arm um meine Schulter und sagte zu den Herrschaften: »Hat Sie mein Neger eben belästigt?«

Mein selbstsicheres Auftreten vor den Kunden war ... vorsichtig ausgedrückt: wertlos geworden. Ich gab klein bei, änderte meinen Kurs und stimmte ihnen in allen Punkten zu. Basti hatte dabei jedenfalls einen Mordsspaß. Ich versuchte, als ich die beiden zur Kasse begleitete, um ihnen doch ihr Geld auszuzahlen, Bastis Verhalten zu rechtfertigen.

»Bitte entschuldigt den komischen Spruch von meinem Mitarbeiter, er ist ein Freund von mir. Offensichtlich dachte er, dass ihr auch Freunde von mir seid, und hat deshalb diesen Spruch rausgehauen.«

Der Gangstertyp schien sich sofort zu ekeln.

»Bäh, wie kannst du mit so einem befreundet sein. Das ist ein Schwuler!« Für einen Moment musste ich schmunzeln. Ich hatte Basti ja gesagt, dass man ihm seine Sexualität relativ einfach ansehen würde, aber dass es so schnell geht, fand ich schon lustig. Dann wurde ich aber wieder ernst und fragte:

»Na und?«

»Bäh, das ist ekelhaft. Wie kann man mit einem Schwulen befreundet sein. Du schüttelst dem die Hand und so, oder?«

»Äh ja, aber wieso soll das ekelhaft sein?«

»Weißt du, wie viele Schwänze der bestimmt schon in der Hand hatte?«

Das alte Lied, ich wurde sauer und entdeckte wieder die Macht der Worte in mir. Ich antwortete: »Ja gut? Aber du küsst doch auch deine Mama auf den Mund?«

Krach! In meinem Kopf klang es so, als wäre man auf ein Konglomerat aus lauter kleinen trockenen Ästen getreten, als die Faust des »Phantoms der Opfer« auf meiner Nase auftraf.

Was haben sie immer mit ihren Müttern? Ich hab einige Freunde. Und unter uns Männern gehört es doch zum guten Ton, dass man sich beschimpft. Also auf freundschaftlicher Basis.

Einen guten Freund erkennt man daran, dass er dich mit einem »Alter Schwede, du wirst von Mal zu Mal fetter« begrüßt. So ist das in meinem mittlerweile kleinen, aber feinen, im Lauf der Jahre entstandenen Freundeskreis auch. Auch bei denen mit Migrationshintergrund.

Einer von ihnen ist Türsteher in München, ein Hip-Hop-Gangsta, mit dem ich eine ähnliche Art von Humor teile wie mit Basti. Als ich ihn mal in seinem Club besuchte, lief das ungefähr so ab:

»Hey, Sklave, mein Krummsäbel gehört mal wieder geschliffen!«

»Hey, Mehmet, sag mal, isst du den Knoblauch auch oder reibst du einfach nur morgens deine Haut und deinen Atem damit ein?«

»Ich weiß nicht, wer dir erlaubt hat, zu reden. Nur weil Obama Präsident ist, heißt das nicht, dass ihr alle in der Öffentlichkeit sprechen dürft.«

»Keine Ahnung, deine Mama hat gestern Nacht im Bett gesagt, ich soll dreckige Sachen sagen ...«

Bäääm, Nase gebrochen! Ich habe inzwischen begriffen, wie man sich Gangstern gegenüber verhält: keine Graffiti mit Wasserfarben malen. Und alle Arten von Witzen sind erlaubt, nur auf gar keinen Fall, keinesfalls, nicht mal im Traum, zu keiner Zeit, nie, nie, nie, niemals die Mutter des anderen erwähnen. Ob schlecht oder gut. Da drehen sie durch.

Ich bin mittlerweile so weit, dass ich vor Mehmet Witze über meine eigene Mama mache, um ihn so zu desensibilisieren. Ich sagte mal zu ihm: »Mehmet, Alter, meine Mama ist so blöd, die steht vor der Rolltreppe und zählt die Stufen.« Das war zu viel für ihn. »Alter, sprich nicht so über deine Mutter, du Hurensohn.« Und hier erkennt man ein großes Problem der heutigen Zeit: Jeder Mensch hat seine eigene Toleranzblase. Seinen Bereich des Erlaubten und Ertragbaren. Das macht es so schwer. Die Grenzen der Toleranz sind fließend. Ich erlebte im Kino eine Situation, die das noch besser verdeutlicht. Ich bekam einen Anruf vom Sicherheitsdienst:

»Grüß Sie, Herr Pearce. Herr Herrmann vom Sicherheitsdienst hier. Vor mir steht ein Kunde, der sich beschweren möchte, weil er sich von mir rassistisch beleidigt fühlt. Ich habe ihn lediglich um sein Kinoticket gebeten.«

»Oh, wieso rassistisch?«

»Ich weiß es nicht. Der Kunde ist raus zum Rauchen gegangen und hatte seine Karte nicht dabei. Da hab ich ihm den Einlass verwehrt und jetzt meint er, wir seien ein rassistisches Kino.«

»Gut, bin gleich da.«

Ich dachte mir, ich rede mal mit ihm. Von mir fühlte er sich bestimmt nicht rassistisch beleidigt und wenn er merkte, dass ich hier eine Führungsposition bekleidete, würde er auch garantiert nicht mehr denken, dass wir ein rassistisches Kino seien. Unten angekommen, sah ich den südländischen Herrn schon wild gestikulierend mit unserem Security um die Wette zetern.

»Ihr Deutse! Alle immerno Rassiste!«

»Entschuldigung«, sagte ich.

»Was willst du?!« Er sah mich mit hochrotem Kopf an.

»Sie wollten mit dem Chef sprechen, jetzt bin ich da.«

»Was bist du?! Du bist kein Chef! Du bist ein Affe!«

Er griff mir ins Gesicht und schmiss meine Dreadlocks in die Höhe. Ich sagte dann nur: »Verlassen Sie bitte unser Kino und denken Sie mal drüber nach, wo Rassismus anfängt und wo er aufhört.«

28. Kapitel

Sex in the City

Eines Tages stand plötzlich Caro im Kino vor mir. Das erste Mädchen, mit dem ich zusammen gewesen war. Ich erkannte sie sofort, sie wollte sich mit einer Freundin den ersten Harry-Potter-Film anschauen.

»Caro!«, rief ich und lächelte listig.

»Simon! Das freut mich aber! Gut schaust du aus!«

Hey, nicht schlecht! Gut sah ich also aus. Wenn schon mit den Mädchen in München nichts lief, vielleicht ja mit Caro.

»Wohnst du inzwischen hier in München?«, fragte sie.

»Ja!«, sagte ich erfreut. »Und du?«

»Immer noch in Puchheim. Ich studier zwar mittlerweile, kann mir aber keine eigene Wohnung leisten. Du weißt ja, mein Vater ist vor ein paar Jahren nach Chile ausgewandert und meine Mama verdient nicht so viel.«

»Hey, ich hab in drei Stunden Feierabend. Wollen wir, nachdem ihr im Kino wart, noch was trinken gehen?«

»Ich weiß nicht, wie lang die S-Bahnen fahren«, sagte Caro.

»Die letzte fährt um kurz vor eins«, sagte ihre Freundin.

»Cool, dann wart ich später hier auf euch. Der Film ist um Viertel nach zehn aus.«

Sie sah immer noch grandios gut aus! Ihre Freundin übrigens auch! Ich freute mich sehr und malte mir in allen möglichen Farben aus, wie wir zu dritt in meiner Wohnung in einen Strudel voller Sinnlichkeit und Ekstase geraten würden, alle Register der Liebeskunst ziehen und nur noch aus Verlangen bestehen würden. Punkt 22 Uhr 15 stand ich da und war ziemlich aufgeregt. Da kamen sie an. Wow, perfekte Mädchen mit allem, was sich ein Mann wünscht!

»Wie war der Film?«, fragte ich die beiden.
»Saucool«, sagte Caro.
»Aber auch mit krasser Überlänge«, sagte ihre Freundin und gähnte. »Wärt ihr mir böse, wenn ich nicht mehr mitkomm?«

Das hatten die raffinierten Luder doch abgesprochen! Schade, nun konnte ich nicht beide abschleppen, aber Caro war auch super, das erste Mädchen, mit dem ich geschlafen hatte. Moment mal, da fiel mir ein, dass ich auch ihr erster Freund war und sie damals, als wir endlich mal ohne Störung meiner Eltern nur für uns waren, entjungfert hatte. Es war aber nicht wie bei den meisten meiner Klassenkameraden, die eigentlich durch die Bank enttäuscht von ihrem ersten Mal waren, sondern wirklich schön und intensiv und leidenschaftlich.

Wir gingen in das Johanniscafé, eine sehr lässige Kneipe, in der man lange sitzen konnte und wo immer gechillte Musik lief. Außerdem lag sie gleich bei mir um die Ecke, ich hatte den Platz unter anderem aus strategischen Gründen ausgewählt. Wir tranken Bier und lachten viel, irgendwann sagte Caro: »Okay, du hast es immer noch drauf, Simon. Ich hab total Bock, heut bei dir zu übernachten.«

Bingo!

»Cool, aber ein Bier würd ich gern noch trinken.« »Klar!«

Wir tranken noch zwei oder drei Gläser und gingen dann zu mir. Als wir oben waren, hing Caro ziemlich betrunken in meinem Arm. »Du, Simon?«, sagte sie. »Ja?« »Wollen wir lieber erst mal schlafen und dann morgen früh schön duschen und dann miteinander schlafen, weil das wär jetzt irgendwie verschenkt, so besoffen, wie wir sind.« Was für ein kluges Mädchen. Ich war zwar spitz wie Nachbars Lumpi, fand den Vorschlag, das Ganze zu verschieben, aber sehr reizvoll. Wir zogen uns bis auf die Unterwäsche aus und legten uns artig hin, sie mit dem Kopf auf meiner Brust wie Jane auf Tarzan. Ich fühlte mich sehr gut. Wir schliefen rasch ein und wachten am nächsten Tag gegen zehn Uhr auf. Gleichzeitig. Sie sah verschlafen fast noch süßer aus als am Vorabend.

Wie geplant gingen wir ins Bad, ich hatte sogar eine noch originalverpackte Zahnbürste, sodass wir uns die Zähne putzten, uns dann nackt auszogen und gemeinsam in die Dusche stiegen. Wir seiften uns gegenseitig ein und es war absolut traumhaft alles. Und sexy! Dann trockneten wir uns ab und gingen nackt rüber in mein Bett. Sie roch umwerfend und hatte eine Traumfigur. Was für ein Luxus, endlich in der Stadt zu wohnen, eine eigene Wohnung und ungestört Sex haben zu können! Was für eine Freiheit! Wir waren gerade voll in Fahrt, als ich einen Schlüsselbund klimpern hörte. Kurz danach wurde ruckartig die Wohnungstür aufgerissen. Verdammt! Ich hatte völlig vergessen, dass meine Mutter jeden Sonntag zum Saubermachen und Wäschewaschen vorbeikam! Caro sah mich an. »Du willst mir jetzt aber nicht sagen, dass deine Eltern immer noch reinkommen, wenn wir vögeln wollen, oder?« Ich sah verschämt weg und raunte: »Doch ... leider ...«

Der daraufhin einsetzende gemeinsame Lachkrampf schien nicht enden zu wollen. Meine Mutter fand es prima und lachte mit. Sie hatte nichts einzuwenden, immerhin trug Caro im Augenblick keinen BH.

29. Kapitel

Alles Verbrecher

Da das Kino neu eröffnete, wussten wir zu Beginn noch nicht, was man mit den Fundgegenständen anstellen könnte. Was alles liegen blieb. Geldbeutel, Handys, Pornohefte. Erstaunlicherweise wurden die Gegenstände in den seltensten Fällen von den Gästen auch wieder abgeholt. Über Suchmaschinen und Onlinetelefonbücher konnten wir einige Besitzer ausfindig machen, aber trotzdem hatten wir bereits nach wenigen Wochen bestimmt dreihundert nicht abgeholte Handys und zweihundert Geldbeutel in unserem Lager liegen. Abgesehen davon, dass mir die Besitzer leidtaten, gingen uns langsam die Lagerkapazitäten aus und so meldete ich mich eines Tages im Übereifer freiwillig, die Sachen ins Fundbüro zu fahren. Die würden bestimmt mehr damit anfangen können, dachte ich mir. Sind ja Profis. Ich bin also nach der Spätschicht um zwei Uhr nachts samt zwei Kartons mit alten Handys und Geldbeuteln im Kofferraum meines verbeulten 3er-BMWs losgedüst, drehte zur Entspannung ein bisschen coolen Rap auf und rauchte eine. Oh, Blaulicht. Die jagten sicher gerade einen Verbrecher. Doch dann fuhren sie vor mir her. Auf einem roten Leuchtband las ich »Stopp. Polizei«. Hui, die meinten mich, welch Überraschung. Kein Problem. Man hatte eine gewisse Routine. Ich fuhr rechts ran.

Zwei Polizisten stiegen aus. Einer stellte sich vor mich hin, der andere leuchtete mir mit einer Taschenlampe ins Gesicht. Ich beobachtete die beiden und überlegte, wer von den beiden wohl das Zepter übernehmen würde. Einer war riesengroß, aber sein Gesicht wirkte wie höchstens fünfzehn. Er war allerdings auch der Beifahrer. Vielleicht ein Schülerpraktikant, dachte ich mir.

»Einen wunderschönen guten Abend«, sagte ich überfreundlich. So freundlich bin ich nur zu Polizisten. Auf Englisch heißt höflich übrigens »polite«. Wo dieser Begriff wohl herkommt?

»Grias Gott ... wo kommen wir denn her?«, sagte der Lange, der seiner Stimme zufolge wohl doch kein Schüler war. Er klang wie Edi nach der zweiten Maß Bier.

»Äh, von der Arbeit.«

»Ja freile, wer arbeitet denn um die Uhrzeit no?«, lachte er mich aus. Ich spürte, wie etwas in mir hochkam. Unaufhaltsam. Die Macht der Worte.

»Nur weil ihr nichts arbeitet, heißt das nicht, dass der Rest der Welt ebenso faul ist.« Mit diesem Satz war mir klar, dass mein Bett wohl noch etwas länger auf mich warten müsste. Aber egal, ich hatte ja nichts zu verbergen.

Die Daumen gruben sich tief in den Hosenbund und der Empörungstanz wurde von einem wütenden Schnauben begleitet.

»So, jetzt langt's, aussteigen, Hände hintern Kopf und ans Fahrzeug lehnen! Kofferraum auf, Kollege, nehmts des Auto auseinander, wir wern scho a Rauschgift oder Waffen finden!«

Der kleinere Kollege bat mich aus dem Auto und ich hörte das Schnalzen der Handschuhe.

Die Leibesvisitation fiel angenehm kurz aus, und ich durfte mich neben mein Auto stellen und eine rauchen. Während anscheinend mein Ausweis auf Echtheit überprüft und die

Personalien gecheckt wurden, durchforstete der Riese, der vorhin in mein Antlitz geleuchtet hatte, mein Auto. Sollen sie doch mein Auto durchsuchen, ich hab nichts zu verbergen und mein Kofferraum war ordnungsgemäß ausgerüstet. Verbandskasten, Warndreieck, Sicherheitsweste ... Da fielen mir die dreihundert fremden Handys und zweihundert fremden Geldbeutel ein, die wild verteilt in den Kartons lagen. Verdammt. »Zum Glück ist die Lampe vom Kofferraum kaputt«, dachte ich mir, für eine Sekunde vergaß ich, dass ich bereits mit einer Taschenlampe malträtiert wurde.

»Und des ham Sie mit Arbeit gmeint, Herr Pars?!«, bemerkte er mit süffisantem Blick auf die Fundsachen. »Ham S' da vielleicht auch an lustigen Spruch parat. Sieht mir schwer nach mehrfachem Diebstahl aus.«

»Das hab ich gefunden«, stammelte ich in dem Bewusstsein, auf die Schnelle nicht glaubhaft klarstellen zu können, dass ich tatsächlich in der Betriebsleitung des Mathäser-Kinos arbeitete. Ich ging davon aus, dass es zu einer Anzeige kommen würde, welche dann, nachdem die Situation klargestellt wurde, sicher schnell wieder fallengelassen wird. Triumphierend stand er in voller Größe vor mir und wollte sich wohl noch für meine freche Bemerkung rächen. »Dann sperren S' ihr Auto mal ab und steigen in unseres ein. Wir haben, glaub ich, noch was zu arbeiten mit Ihnen.«

Das Schöne an so einer U-Haft ist: Wenn Sie sich je gefragt haben, warum nachts so wenig Schwarze auf den Straßen unterwegs sind: Hier erfahren Sie die Antwort. »Ja ... höhö, die sieht man nicht, weil sie so schwarz wie die Nacht sind.« Falsch. Die sind alle im Knast. In der Münchner Ettstraße, so heißt die »verfahrenssichernde Ermittlungsmaßnahme im Rahmen der Ermittlung einer Straftat«, kurz: Untersuchungshaft. Mit den Leibesvisitationen hatte ich meinen Höhepunkt erreicht. Da geht es zu wie in Kinshasa am Flughafen. Und ich hatte Schiss. Nicht vor den Bullen. Vor den Mithäftlingen. Die waren *richtig* schwarz. Wir saßen zu sechst in einer Zelle. Von draußen hörte man es scheppern. Ein Mann schrie vor Schmerzen. Neben mir stand einer auf. Ein riesengroßer Afrikaner mit Glatze. Sicher hundertfünfzig Kilo schwer. Er kam direkt auf mich zu und baute sich vor mir auf. Seine kleinen Augen sahen mich an. Ich begann vor Angst zu zittern. Bedrohlich hob er die Hände und beugte sich zu mir runter.

»Bruda! Bless your family.« Es folgte eine komplizierte Abfolge von Handschlägen und eine unangenehm lange Umarmung. Ich überprüfte erst mal, ob noch alles da war. Handy, Geldbeutel etc. Nichts fehlte.

»Junge, wo kommst du her?«

»Aus Mün…« Ich bremste mich, lieber verbrüdern. »Mein Vater ist aus Nigeria.«

Meine zunächst positive Situation drohte mir wieder zu entgleiten. Ich hatte vergessen, dass es kaum etwas Schlimmeres für einen Afrikaner gibt, als wenn man aus Nigeria kommt. Man erhält meistens diese Reaktion: »Nigeria?! Lauter Verbrecher!«

Woher kommt das? Vorurteile gibt es nämlich auch innerhalb Afrikas. Und Nigeria hat offensichtlich einen miserablen Ruf. Warum haben Afrikaner diese Vorbehalte gegenüber Nigerianern? Meinen sie vielleicht die geistesgestörten Leute von Boko Haram? Aber die gab's damals noch gar nicht.

»Bad people!«, schrie der riesenhafte Mann.

»Na ja«, sagte ich einlenkend, »vielleicht ist's da ein bisschen korrupt. Aber sonst sind die alle lieb.«

»Lieb nix dort! Nigeria people are bad people!«

Super an Nigeria ist, dass mich da kein Polizist nach Drogen durchsuchte. Da gab es keine Kontrollen für mich. Die wollten mich nicht hochnehmen. Die wollten mich ausnehmen. Das habe ich in unserem Nigeriaurlaub gelernt. Sie erkannten mich als Touristen und dachten sich hoch kreativ ständig neue Gebühren für mich aus. »You know, it's my sister's birthday today.« Aber Korruption ist kein rein nigerianisches Problem, das ist eine weltweit um sich greifende Seuche.

Nein, darauf spielte der Bruder im Knast nicht an. Er meinte die Nigeria Connection. Die nigerianische Mafia. Immerhin funktioniert sie fast wie die echte Mafia in Italien. Mit romantischer Verklärtheit wirkt das auf manche Gemüter vielleicht ganz cool. Mafia, der Pate, Scarface ... Na ja, nicht wirklich. Die nigerianische Mafia ist unorganisiert und betreibt sogenannten Vorkassenbetrug.

Von der Nigeria Connection kommen jene berühmten E-Mails (früher auch Faxe) von wahnsinnig reichen Prinzen, Rechtsanwälten oder Geschäftsleuten, deren Konten angeblich mit Hunderten von Millionen Euro von der jeweiligen Regierung eingefroren wurden. Und diese brauchen eine Summe X, sagen wir mal zweihunderttausend Euro, um das Geld nach Europa transferieren zu können. Als Dank erhält man die Hälfte des eingefrorenen Vermögens. Klingt nach einem ausgefuchsten Scheißplan, aber es funktionierte tatsächlich. Die Streuung macht es. Angeblich wurden so mittlerweile schon weit über fünfunddreißig Milliarden Euro ergaunert. Irgendwer fällt schon darauf rein. Einer reicht auch. Mit zwanzigtausend Euro konnte man in Nigeria eine gute Zeit sehr gut leben. Ein Stadtkämmerer von Ennigerloh, einer kleinen Stadt in der Nähe von Wuppertal in Westfalen, veranlasste tatsächlich eine Überweisung von 285 000 Mark in der Hoffnung auf die versprochenen dreißig Millionen Mark.

Hier gab sich einer als Sozialhilfeempfänger aus, der natürlich aktuell nicht an sein Vermögen kam. Die nötigen, perfekt gefälschten Unterlagen und die Nachweise der Bank of Nigeria konnte er natürlich vorweisen. Natürlich verschwand der spendenwillige Nigerianer kurz nach Eingang des Darlehens und natürlich konnte man weder E-Mail-Verkehr, Bankkonto noch sonst was im Nachhinein zuordnen oder rückverfolgen.

Mich erreichte selbst ein solches Schreiben, mit folgendem Inhalt:

Sehr geehrter Herr Pearce,

gestatten Sie, dass ich mich vorstelle: Ich bin Dan Lual, Privat-Anwalt für Herrn Hans Pearce, ein Staatsangehöriger unseres Landes, der früher als Direktor von Treibstoff (TOTAL BENZIN) in Nigeria arbeitete. Im Folgenden wird er als »mein Klient« bezeichnet.
Am 27. Mai 2011 war mein Klient mit seiner Frau und ihren drei Kindern an einem Autounfall in der Grossi-Schnellstraße beteiligt. Alle Insassen des Fahrzeugs haben leider ihr Leben verloren. Seitdem habe ich mehrere Anfragen an die deutsche Botschaft gestellt, um mögliche Verwandte und damit Erben meines Klienten ausfindig zu machen. Leider hat sich dies als erfolglos erwiesen.
Nach diesen zahlreichen Versuchen habe ich beschlossen, seinen Nachnamen über das Internet zu verfolgen, um ein Mitglied der Familie mit demselben Nachnamen zu finden,

deshalb habe ich Sie heute kontaktiert. Ich möchte Sie ersuchen, bei der Rücksendung des Geldes und des Eigentums, das von meinem Kunden zurückgelassen wurde, zu helfen, bevor es beschlagnahmt oder von der Bank hierfür als gegenstandslos erklärt wird. Damit würde es unrechtmäßig an die Bank fallen.

Damit Sie wissen, von was die Rede ist: Die riesigen Einlagen wurden durch die BANQUE ATLANTIQUE DU BENIN (BAB) eingereicht, eine Untergruppe der Handelsbank von Afrika, wo der Verstorbene einen Kontostand von etwa $ 18,5 Millionen Dollar Guthaben hatte.

Die Bank hat mir eine Benachrichtigung erteilt, um nahestehende Angehörige zu versorgen oder das Konto zu übertragen. Da ich bei der Vermittlung der Verwandten seit über vier Jahren nicht erfolgreich war, suche ich Ihre Zustimmung, um Ihnen besagtes Guthaben als die nächste Verwandtschaft des Verstorbenen zu präsentieren. Sie haben exakt den gleichen Nachnamen, sodass die Erlöse dieses Kontos auf 18,5 Millionen Dollar geschätzt werden können, und dann können Sie und ich das Geld teilen. 60% zu mir und 40% zu Ihnen. Ich werde alle notwendigen juristischen Dokumente bereitstellen, um sämtlich anfallende Kosten zu sichern. Alles, was ich verlange, ist Ihre ehrliche Zusammenarbeit, damit wir diesen Deal realisieren können.

Ich garantiere, dass dies unter einer legitimen Vereinbarung durchgeführt wird, die Sie vor einer Verletzung des Gesetzes schützen wird. Und so werden wir das erreichen.

Ich brauche die folgenden wichtigen Informationen von Ihnen:

Ihr vollständiger Name und Adresse,
Ihr Alter, Beruf und Position,
Ihr Telefon und Mobil für Kommunikation Zweck.

Ich erwarte Ihre Antwort so schnell wie möglich.

Freundliche Grüße,
Mr. Dan Lual Esq.

Wenn man sich dort meldet, fragt er vermutlich in der zweiten oder dritten Mail nach Überweisung irgendwelcher Gebühren. Die Geldgier treibt manche Menschen dazu, sich den hohen Betrag zu beschaffen und zu überweisen. Man muss nur eine gute Idee haben. Es gab mal eine tschechische Firma, die vorzugsweise Amerikanern Rückholversicherungen für die Entführung von Aliens angeboten hat. Für zehntausend Dollar. Da müssen nur zehn Leute darauf reinfallen … Einer reicht auch. Aber wenn wirklich einer von Aliens entführt wird, dann schauen sie dumm aus der Wäsche.

Da können sie so viel mit ihrem Versicherungszertifikat wedeln, wie sie wollen, den holt keiner aus dem Andromedanebel zurück.

Ich habe damals übrigens an Mr. Dan Lual geschrieben:

Sehr geehrter Herr Dan Lual,

vielen Dank für Ihr Schreiben. Leider hat sich ein Fehler eingeschlichen. In Wirklichkeit heiße ich nämlich nicht Simon, sondern Hans Pearce und bin jener Mann, den Sie seinerzeit vertreten haben. Wie schön, dass sich unsere Wege auf so amüsante Weise wieder gekreuzt haben. Ich habe mit meiner Familie den Unfall nur fingiert und mich ins reiche Bayern abgesetzt, wo wir seither glücklich leben. Richtig ist die Summe von 18,5 US-Dollar, die sich auf meinem Konto befinden. Ich hatte den Betrag völlig übersehen, weil wir jetzt ein Konto bei der Commerzbank haben. Es freut uns sehr, dass Sie uns darauf aufmerksam gemacht haben. Wir haben alles veranlasst und das Konto übertragen lassen. Als kleine Aufmerksamkeit für Ihre Bemühungen würde ich mich freuen, Ihnen eine Art »Finderlohn« in Höhe von fünfzig Dollar zukommen zu lassen.

Ich brauche die folgenden wichtigen Informationen von Ihnen:
Ihr vollständiger Name und Adresse,
Ihr Alter, Beruf und Position,
Ihr Telefon und Mobil für Kommunikation Zweck,
Ihre aktuelle Bankverbindung.

Ich erwarte Ihre Antwort so schnell wie möglich.
Mit freundlichen Grüßen,
Hans Pearce

Na ja, ich schweife ab. Zurück zu den Verbrechern in der U-Haft. Der massive Kerl setzte sich wieder und sie ließen mich, als sich herausstellte, dass ich tatsächlich im Kino arbeitete und am nächsten Tag zum Fundbüro wollte, wieder frei.
Der Muskelberg stammte übrigens aus Sierra Leone. Ein Land, in dem achtjährige Kinder, nachdem ihr Dorf niedergebrannt wurde, auf Drogen gesetzt werden, eine Kalaschnikow in die Hand gedrückt bekommen und als Kindersoldaten weiter »arbeiten dürfen«. Und wenn dir so jemand sagt, wie beschissen das Ansehen deines Landes ist, dann wird dir

klar, dass selektive Wahrnehmung und irrationaler Rassismus kein europäisches Problem sind.

Durch die Gefängnishallen dröhnte noch einige Minuten die Stimme des kräftigen Mannes. »Bad people!«

30. Kapitel

Die Passion Simons
Oder: So vui Weißbier

»Lauta Vabrecha! Haha! Das stimm!« Mein Papa ist fast von der Bierbank gefallen, als ich die Geschichte am nächsten Tag erzählte. Auf den Schock hatte ich meine Familie und Basti in den Biergarten eingeladen. Nancy war entsetzt über die polizeiliche Willkür und berichtete, dass sie noch nie Probleme mit der Polizei hatte. »Ja, schau dich mal an, Schokoperlchen, bei dir denken die bestimmt auch nicht daran, was wohl in deinem Kofferraum liegt, sondern eher, ob der Polizeicomputer deine Handynummer ausspuckt«, sagte Basti mit einem äußerst lasziven Blick. Ich weiß nicht, was er sich dabei dachte. Vielleicht stellte er sich in dem Moment vor, was zwei starke Polizisten wohl mit ihm anstellen würden, oder vielleicht kam er beim Anblick meiner Schwester doch noch mal ins Wanken, was seine sexuelle Orientierung angeht. Mein Bruder sah die Situation eher pragmatisch. »Sei doch froh, Bruderherz, so hast du dir den Weg ins Fundbüro gespart.« Mama kam mit einem halben Hendl zurück zu unserem Tisch und kündigte sich schon von unterwegs mit einem lauten Ruf an: »Ah, bei den Negern ist noch Platz, die lenk ich mit dem Hühnchen ab, dann sind sie beschäftigt und ich hab meine Ruhe!« Alle Augen waren auf uns gerichtet. Es war eine Mischung aus Empörung und spannender Erwartung, wie wir »Wilden« wohl auf diesen Affront reagieren würden. Papa hatte sich eh noch nicht beruhigt, lachte laut los und gab meiner Mama einen Kuss. Die Aufmerksamkeit war mal wieder bei uns. Ich wollte doch einfach mal mit meiner Familie in Ruhe im Biergarten sitzen und mich von meinem Schock erholen. Ganz normal. Aber das geht bei uns eben nicht.

Irgendwie habe ich mir auch ein Leben im Leid ausgesucht. Na ja, das klingt jetzt drastisch, aber so richtig dazugehört habe ich doch nirgendwo. Bei den Gangstern war ich trotz des Hautfarbenbonusses unbeliebt wegen Gymnasium und Freundschaft mit Schwulen.

Ich bin Deutsch-Nigerianer. Aber als einer von ihnen sehen mich weder die Bewohner des einen noch des anderen Landes an. Also im Gros. Den Deutschen bin ich zu braun gebrannt und den Nigerianern zu weiß. Als Farbiger fühlt man sich eigentlich auch immer mit Afrika verbunden. Aber bei den Afrikanern bin ich wiederum unbeliebt wegen Nigeria. Sind ja alles Verbrecher. Als Deutscher empfindet man sich, und ich hoffe, das bleibt auch noch eine Weile so, im Idealfall auch immer als Europäer. Aber richtig beliebt ist Deutschland auch nicht. Zu mächtig, zu bestimmend, der Zweite Weltkrieg und immer eine Gefahr. Welcher Politiker hatte noch kein Hitlerbärtchen aufgemalt bekommen?

Ich bin aber mehr als nur Deutscher. Ich bin Bayer. Ich liebe Bayern. Es ist schön hier und wenn man die Leute mal verstanden hat, lässt es sich hier auch recht gut leben. Wenn man es geschafft hat, am Stammtisch zu sitzen (jetzt symbolisch gesprochen), dann haben sie einen auch lieb. Egal wie man aussieht. Und damit meine ich nicht, dass man die Stammtischparolen, die der eine oder andere gerne noch von sich gibt, nachplappert. Nein, ich meine das eher so, dass es bei Bayern manchmal etwas länger dauert, bis die Skepsis verfliegt. Also, um bei der Metapher zu bleiben. Wenn in Köln jemand eine Kneipe betritt, wird er von allen freundlich begrüßt oder zumindest freundlich zurückgegrüßt (es sei denn, er kommt aus Düsseldorf). Betritt man ein bayerisches Wirtshaus, werden alle Anwesenden wortlos ihren Kopf in deine Richtung drehen, dich mustern, vielleicht etwas in den Bart mosern und sich wieder abwenden. Selbst bei einem netten Gruß, im Gegenteil sogar, je lauter man grüßt, desto größer die Skepsis. Nach einem Kneipenabend hat man definitiv viele nette Bekanntschaften gemacht, vielleicht entwickeln sich daraus auch Freundschaften. Nicht in Bayern. Wenn man es aber schafft, dass man sich »zuabehocken derf«, also sich dazusetzen darf (quasi an den Stammtisch), dann gehört man zum inneren Kreis. Diese Menschen sind dann keine Bekannten mehr, diese Menschen passen auf dich auf. Das dauert aber und erst mal sind die Bayern auf jeden Fall verschlossener als jetzt zum Beispiel der Rheinländer. Deswegen ist Bayern vermutlich auch das unbeliebteste Bundesland und »der Bayer« der unbeliebteste deutsche Bürgertypus.

»Ey kieck ma, hier n' Bayer, wa? Wo haste denn dein Sepplhut?! Keen Wunder, dat ihr alle verblödet, wenn ihr nur so riesijet Bier am Trinken seid. Stoiber, Seehofer und immer dajegen!« Puh, die Sache ist und bleibt ganz schön kompliziert: bei den Deutschen unbeliebt, wegen Bayern. Aber es geht noch weiter – in Bayern bin ich auch noch Münchner. Ich liebe München. Es gibt viele schöne Städte in Deutschland, aber München ist auf jeden Fall die schönste aller Städte. Sie ist weltoffener, als es manchmal, auch in meinen Geschichten, klingen mag. Ich denke, München ist eine tolerante Stadt, aber die Bewohner können noch viel lernen und an ihrer Offenheit arbeiten. Ich sag mal, da ist noch Luft nach oben. Ich liebe es wirklich hier. Aber frag mal auf dem bayerischen Land, was die von München halten.

»Oh, Minga. Der feine Herr Stodara. De hamma ganz gern. Champaniga dringa und mim Ferrari im P1 umanandarenna, während unseroans schuftet!«

(Für die Nichtbayern: »Oh, München. Der feine Herr aus der Stadt. Die haben wir besonders gerne. Feinsten Schaumwein trinken und mit der Edelkarosse in der Nobeldiskothek herumlaufen, während wir hart arbeiten.«)

Aber ganz am Ende bin ich noch immer nicht angekommen: Dann suche ich mir als Herzensverein auch noch den TSV 1860 München aus. Ich liebe die Löwen, bin Löwe durch und durch seit diesem ersten Stadionbesuch und es müsste viel passieren, mich davon abzubringen. Aber man hat es nicht immer leicht als Fan. Häme, Spott, den großen Nachbarn, der immer auf einen herunterblickt, und einige sportliche Talfahrten.

Gegen mein Leben wirkt die Passion Christi wie ein Osterspaziergang. Aber ich mag's trotzdem. Ich liebe es sogar. Weil man alles mit Humor nehmen muss, dann schmeckt's nicht bitter. Und wenn's doch mal bitter wird, dann setze ich mich raus, schau mir die Welt an und trink ein schönes Weißbier. Das tut gut und schmeckt immer. Ob ich nicht irgendwann genug davon haben werde?

Unwahrscheinlich.

So viel Weißbier kann ich gar ned trinken!

Danksagung

Dass ich mal ein Buch schreiben darf, hätte ich tatsächlich nie zu träumen gewagt.

Ich danke dem Knaur Verlag und im Besonderen Ariane Novel für den Mut und das Vertrauen, mir die Chance zu geben, ein eigenes Buch zu schreiben.

Mein größter Dank geht an meine Familie, die zumindest Inspiration für viele der Geschichten war, die es im Buch zu lesen gibt, und die immer für mich da ist.

Mama, die mir das lose Mundwerk vererbt hat und die den Humor besitzt, die Sprüche, die ich über sie in der Öffentlichkeit droppe, zu verkraften beziehungsweise meistens sogar am lautesten (und am basslastigsten) drüber zu lachen.

Dann danke ich meinem lieben Papa, dem ich leider nie zeigen konnte und kann, dass ich aus dem, was ich immer schon am liebsten gemacht habe, Leute zum Lachen zu bringen, meinen Beruf gemacht habe, und den ich mit diesem Buch noch einmal ein bisschen zum Leben erwecken konnte.

Meinem großen Bruder, der mich immer beruhigt hat, wenn ich mal wieder in Panik verfallen bin, und meiner großen, aber jünger aussehenden (und ja auch besser ... gut, das gilt für beide meiner Geschwister) Schwester, die mich beide immer unterstützt haben und meine ersten »Berater« sind.

Danke an mein Management, die FEEZ, Elena und Stephan, dafür, dass ihr schon an mich geglaubt habt, als ich quasi noch gar nicht stattgefunden habe, dafür, dass ihr in jeder Lebenslage, auch oder gerade wenn es überhaupt nichts mit dem Job zu tun hat, für mich da seid, und dafür, dass ihr einfach viel mehr seid als mein Management. Family!

Danke Lisa, für dich und dass du mich in den letzten Zügen des Schreibens ausgehalten hast.

Danke an Markus Stoll, Gaby und Ralf für gemeinsamen Blödsinn und die Unterstützung!

Ein riesen Dankeschön an Moses Wolff, ohne dessen Rat, Unterstützung bei gemeinsamen Bieren, am Telefon, per Mail oder einfach schnell per Whatsapp, ich dieses Buch wahrscheinlich nie zustande gebracht hätte. Merci Broses!

Und ein fettes DANKE an meine Freunde, die sich meinen Scheiß anhören, oft noch bevor ich überhaupt die Idee habe, dass es eine Nummer für die Bühne sein könnte, die öfter Quellen für meine Geschichten sind, als ihnen lieb sein kann, und die mich zu dem Deppen gemacht haben, der ich bin.

Und danke an mein Bücherregal, das es, ohne zu klagen, hingenommen hat, mehrfach umsortiert und staubgewischt zu werden. Meinem Staubsauger, der stets funktionierte, wenn ich es für wichtiger erachtete, meine Wohnung zu reinigen, anstatt zu schreiben! Und an dich, oh Prokrastination, du machtvolle, unnachgiebige Geißel des kreativen Schreiberlings. Ich habe dich besiegt!

CHRISTIN HENKEL

JUHU, BERÜHMT! ACH NEE, DOCH NICH'

Unerhörte Abenteuer
einer Musikerin

Christin Henkel hat ein Faible für Prokrastination, den Hang zum Liebeskummer und einen tiefschwarzen Humor. Die junge Musikerin möchte richtig durchstarten, doch das hat sie sich leichter vorgestellt. Eigentlich sollte sie sich ihrem klassischen Studium an der Musikhochschule widmen, stattdessen führen sie ihre lustigen Alltagsbeobachtungen in die Comedy-Szene, ihr Talent für die schönen Melodien zu den Popmusikern und die Freude an der Poesie zu den Liedermachern. In *Juhu, berühmt! Ach nee, doch nich'* erzählt sie von ihrem holprigen Weg, sich selbst zu finden, vom seltsamen Treiben in der Musikbranche und davon, wie es ist, wenn man vom angehimmelten Surflehrer nicht zurückgeliebt wird. Am Ende aber hat sie etwas, das ihr niemand nehmen kann und alle aus den Händen reißen: ihre erste eigene Platte.

»Eigenwillig, aber absolut authentisch und unterhaltsam.«
Stern

»Junge zarte Frau mit engelsgleichem Lächeln sitzt am Klavier und singt zynische Lieder.«
Deutschlandfunk